Kerstin Wendel
Weniger.
Was wir brauchen, um mehr Leben zu haben

Kerstin Wendel

Weniger.

Was wir brauchen, um mehr Leben *zu haben*

SCM
Stiftung Christliche Medien

SCM R.Brockhaus ist ein Imprint der SCM Verlagsgruppe, die zur Stiftung Christliche Medien gehört, einer gemeinnützigen Stiftung, die sich für die Förderung und Verbreitung christlicher Bücher, Zeitschriften, Filme und Musik einsetzt.

© 2022 SCM R.Brockhaus in der SCM Verlagsgruppe GmbH
Max-Eyth-Str. 41 · 71088 Holzgerlingen
Internet: www.scm-brockhaus.de · E-Mail: info@scm-brockhaus.de

Sämtliche Bibelverse sind entnommen aus: Neues Leben. Die Bibel, © der deutschen Ausgabe 2002 und 2006 SCM R.Brockhaus in der SCM Verlagsgruppe GmbH, Holzgerlingen

Umschlaggestaltung: Astrid Shemilt // Büro für Gestaltung, www.astridshemilt.com
Titelbild: Debby Hudson (unsplash.com)
Autorenfoto: Christiane Fritsche
Satz: typoscript GmbH, Walddorfhäslach
Illustrationen: Kathrin Spiegelberg, www.spika.de
Druck und Bindung: GGP Media GmbH, Pößneck
Gedruckt in Deutschland

ISBN 978-3-417-00033-7
Bestell-Nr. 227.000.033

Gewidmet
Lisanne & Samuel, Nils
und allen, die nach euch kommen werden

Mit Liebe

Ein inspirierendes und vitalisierendes christliches Buch für jene, die ihr Leben aktiv entschleunigen und konzentrieren wollen! Einem vierfachen »Weniger« folgt ein vierfaches »Mehr«. Es gelingt Kerstin Wendel authentisch und ansprechend konkrete Lebenshilfe für Frauen und Männer zu geben.

Dr. Heinrich Christian Rust, Pastor i. R.,
Autor und Dozent für Spiritualität

So oft bin ich zwischen Weniger oder Mehr in meinem Leben hin und her gerissen. Ich als Vollblut-Aktivistin schaffe es immer wieder, mir das Mehr aufzuladen und das Weniger verächtlich zu betrachten. Genau in diese Spannung spricht Kerstin Wendel hinein und lädt mich ein, mit Gott das Weniger ebenso lieb zu gewinnen, damit ich mehr Qualität in meinem Mehr entdecke. Dazu bietet sie fröhliche, biblisch orientierte und anschauliche Tipps, aus der Praxis für die Praxis.

Evi Rodemann, Theologin, Eventmanagerin und Autorin

Weniger ist mehr! Dieser Grundgedanke des Buches überzeugt und drückt die Sehnsucht nach weniger Überflutung im Alltag, weniger Konsum, weniger Sorgen, weniger innere und äußere »Antreiber« aus – dafür nach mehr Lebensqualität, Ruhe, Leichtigkeit, Befreiung. Ein wichtiges Buch in unruhigen und überfordernden Zeiten!

Susanne Tobies, Redaktion der Zeitschrift AUFATMEN

Unbeschwerter durchs Leben gehen. Weniger Stress, weniger Dinge, weniger Sorgen – dafür mehr genießen und großzügiger leben. Kerstin Wendel beleuchtet, wie man diesem Ziel näher kommt. Sie gibt viele Denkanstöße für verschiedenste Lebensbereiche. Dabei erzählt sie offen von eigenen Wegen und Umwegen. Das Ziel bei allem: gelassen leben statt getrieben sein. Als Vorbild dient das Leben von Jesus, der »von innen nach außen« gelebt hat. Fokussiert leben. Innerlich frei werden und zur Ehre Gottes leben. Wer diesem näherkommen möchte, findet in diesem inspirierenden Buch viele wertvolle Impulse und hilfreiche Praxistipps. Eine Anleitung für einen unbeschwerteren Lebensstil – als Kind Gottes.

Ellen Nieswiodek-Martin,
Redaktionsleiterin der Zeitschrift LYDIA

Wer wollte nicht gern mit weniger Stress und Überlastung durchs Leben gehen und dafür mehr aufatmen, entspannen und loslassen? Kerstin erzählt ehrlich aus ihrer eigenen Geschichte und beschreibt Übungen, die ihr helfen, zum Weniger und Mehr zu gelangen – und das sehr persönlich und authentisch!

Anja Schäfer, Redaktionsleitung andersLEBEN

INHALT

Mein Anfang 11

Teil eins: Weniger 13

  1. Überflutet und unruhig 15

  2. Verführt und verletzt 38

  3. Beschwert und belastet 64

  4. Getrieben und gedrängt 92

Teil zwei: Mehr 117

  5. Achtsamer im Heute 119

  6. Genussvoller im Alltag 142

  7. Großzügiger im Leben 167

  8. Zentrierter im Glauben 190

  Anders leben geht (fast) immer 216

Danke 223

Literatur 224

Anmerkungen 227

MEIN ANFANG

Endlich! Mit einem Seufzer der Erleichterung lasse ich mich in den Sessel fallen. Urlaub! Frei! Raus aus dem Alltag!

Koffer und Rucksack stehen noch ungeöffnet in der Ecke. Durch das offene Fenster höre ich das Geschrei der Möwen, rieche die geliebte salzhaltige Luft. Herrlich! Mein Blick schweift in dem kleinen Wohnzimmer umher, das nun für zwei Wochen unser Zuhause sein wird. Diesmal haben wir es besonders gut getroffen, denn alles ist so schön nordisch eingerichtet. Helle Farben. Viel Licht. Ich mag das. Aber was mir am allermeisten gefällt, das ist die Leere, die mich umgibt.

Leere? Ein paar wenige Bücher für Regentage, eine Kerze auf dem Tisch, eine Fensterbank mit gerade mal zwei kleinen Dekoteilen. Sonst nichts. Und weil wir auf der autofreien Nordseeinsel Juist sind, werden wir auch außerhalb der Wohnung viel Ruhe haben, denn hier gibt es ja nur Pferdegetrappel oder Fahrradklingeln zu hören.[1] Sonst nichts.

Mein Bester ist gerade noch vor der Tür. So kann ich diese ersten Minuten für mich auskosten.

> Manchmal wünsche ich mir nur eines: weniger.

Ich weiß genau, warum ich diese Leere am Urlaubsstart so sehr schätze. Weil mein Leben oft so voll ist. Das ist der Grund, warum mich blank gefegte Tische, Regale und Fensterbänke im Urlaub magisch anziehen. Sie zeigen mir, was ich mir manchmal im Alltag herbeisehne: Überschaubarkeit, Einfachheit, Ruhe, Leichtigkeit, Zufriedenheit, Entschlackung.

Manchmal wünsche ich mir nur eines: weniger. Weniger von so vielem, was mein Leben oft füllt. Und wenn ich sie dann endlich habe: Zeiten, in denen *Weniger* das Programm ist, dann kenne ich gleichzeitig eine andere ganz starke Sehnsucht. Nämlich? Die Sehnsucht nach mehr. Mehr Erfüllung. Mehr Genuss. Lebensfülle. Sorglosigkeit. Glaubenstiefe, Glück, Sinn.

Schon in den ersten Minuten auf Juist lauern die Ängste in meinem Herzen: Ich werde doch wohl genug Erholung finden? Vor allem »Gottmomente« haben? Die Tage genießen können? Die Ruhe aushalten? Und gleichzeitig die Zeit auskosten?

Meine ersten Urlaubsminuten! Manchmal empfinde ich, dass mein ganzes kleines Leben dort in wenigen Minuten für mich fühlbar und erlebbar ist. Mit all seinen Herausforderungen.

In den letzten Jahren habe ich vieles entschlackt und anderes entdeckt. Ich habe mich auf die Suche begeben nach dem Weniger, was ich brauche, um mehr Leben zu haben.

Magst du mit mir zusammen auf Schatzsuche gehen?

TEIL 1

Weniger.

Kellerräume entwickeln oft eine Eigendynamik. Jedenfalls unser Keller. Mit einem Mal ist wieder »alles voll«. Huch! Wo ist das denn alles hergekommen? Da tummeln sich plötzlich an die dreißig Kartons mit Sachen, die man sicher verscherbeln könnte. Hier liegen die nicht aufgeräumten Dinge vom letzten Anstreichprojekt. Und da stehen Blumentöpfe in Hülle und Fülle. Auch die eher hässlichen. Eigentlich nicht schlimm?

Ab und an schon, denn vor lauter Sammelsurium finde ich manchmal nur mühsam, was ich eigentlich da unten suchte. Vielleicht Hammer und Nagel oder die Kartoffeln fürs Mittagessen.

Keller sind wie Leben. Wenn wir aktiven Frauen nicht ab und an ausmisten, dann ist alles gefüllt. Und manchmal haben wir Mühe, das »Eigentliche« zu finden. Obwohl Leben doch so kostbar ist. Deshalb dürfen wir es schützen.

Dabei möchte dieses Buch helfen. Es ist besonders den Fleißigen, Kreativen, Verantwortungsbewussten, Einsatzfreudigen, Aktiven gewidmet. Außerdem natürlich allen Ladys, die das Wörtchen *weniger* anlacht.

Im ersten Teil möchte ich ausmisten, entrümpeln, verabschieden. Ich glaube, dass wir auf einiges weitgehend verzichten können. Dazu gehören

- Überflutung durch einen überfüllten Alltag
- Verführung durch Konsum
- Lasten durch Schwermacher
- und Antreiber in Kopf und Herz

Wir entschlacken und befreien also Leben statt Keller? Ja, so ist es. Auf geht's! Weniger ist oft mehr!

1. ÜBERFLUTET UND UNRUHIG

Gesegnet sei mein Bauchgefühl

Es ist Montagabend. Eine Textnachricht ploppt auf. Nach einem ganz normalen Arbeitstag habe ich es mir auf dem Sofa gemütlich gemacht. Das Kaminfeuer prasselt, Kerzen leuchten. Feierabend im Advent. Und nun meldet sich Anna. Wie schön!

Anna ist Teil einer Sechsergruppe guter Freunde aus der Marburger Zeit. Nun leben wir alle verstreut in Deutschland, und sie fragt, wie es uns geht. Ich freue mich! Unsere Treffen sind immer wunderschön, tiefsinnig, entspannend, inspirierend, lustig. Viel Verbundenheit trotz großer räumlicher Distanz.

Anna wird konkret: Ob wir nicht mal wieder skypen wollen. Termine hat sie auch schon zur Hand. Donnerstag? Da kann ich nicht. Freitag hat sie ebenfalls genannt. Und schon sehe ich mich begeistert in die Gruppe tippen: »Klar. Sehr gern. Freitagabend passt!« Emoji dazu. Fertig.

Drei Minuten später spüre ich mein wohlbekanntes grummeliges Gefühl. In mir spricht es: »Willst du das wirklich, Kerstin? Mittwochabend hast du eine Sitzung, die Kraft kostet. Und Donnerstag wollte sich deine Freundin Kathy melden. Schaffst du das dann noch?«

Im ersten Moment will ich meine Entscheidung verteidigen: »Das Treffen mit Kathy wird doch kurz, und es ist doch immer so nett mit unserem Sechserteam. Das schaff ich doch noch.« Aber mein Bauch sagt: »Nein! Gönn dir

> Einfach nichts tun.

den unverplanten Abend. Feier dein Loch im Kalender. Die Muße. Das Abhängen! Die Ruhe nach einer anstrengenden Woche. Einfach nichts tun.«

Drei Minuten später bin ich wieder am Handy: »Ich merke, mir wird das am Freitag zu viel. Können wir auf nächste Woche gehen?«

Und? Mein Bauch ist zufrieden. Jetzt kann die Feierabendruhe beginnen. Mit einer einzigen Textnachricht habe ich mich mal wieder davor bewahrt, den Bogen zu überspannen. Daumen hoch, Kerstin! Nicht immer leicht, aber diesmal gut gemeistert!

Alles, immer, jederzeit

Alltag ist oft Kontrastprogramm zur Feierabendruhe. »Ich kann da eigentlich eine ruhige Kugel schieben!« – so der Ausspruch eines Freundes über seine Berufstätigkeit. Ehrlich gesagt: Von Frauen habe ich dieses Votum bisher nicht gehört. Egal, ob wir als Erzieherin, Ärztin, Köchin, Familienfrau, Krankenschwester, Landwirtin, Pädagogin, Einzelhandelskauffrau oder was auch immer arbeiten, es wartet ein strammes Alltagsprogramm. Teilzeit oder Vollzeit.

> Die meisten kämpfen mit Zeitdruck und Arbeitsfülle.

Der Alltag ist gut gefüllt mit Pflichten und Eindrücken. Die meisten kämpfen mit Zeitdruck und Arbeitsfülle.

Und zu Hause? Da geht es munter weiter. Wir öffnen den Briefkasten, und schon purzelt uns dies und das entgegen: Kinoprogramm, Reiseziele fürs nächste Jahr, Werbung vom Fitnesscenter, TV-Programm für die nächste Woche, Zeitschriften, Discounterprospekte und zuletzt noch der Flyer vom Italiener am Ort – sie alle kämpfen um unsere Aufmerksamkeit.

Und drinnen in unserem gemütlichen Zuhause? Da warten unsere »Leute«: der Ehemann, quirlige Kids oder die WG-Mitbewohnerin. Vielleicht sogar zu pflegende Eltern. Ganz schön was los!

Haben wir glücklich den Feierabend erreicht, könnte für uns immer noch alles weitergehen: Wir können telefonieren, sooft wir wollen, online shoppen, wann wir wollen, essen, was wir wollen, uns informieren, worüber wir wollen, sogar Gottesdienst feiern, wann wir wollen.

Denn auch die christliche Welt hat längst mitgezogen: Kirchen überfluten uns mit sehr vielen Angeboten. Weit mehr, als wir nutzen können. Und manchmal entsteht das schale Gefühl: »Vielleicht verpasse ich gerade Wesentliches, weil ich nicht dabei bin.« *FOMO: Fear of missing out.*

Es mangelt auch nicht an christlichen Produkten. Schon bekannt, dass du dir selbst die Joyce-Meyer-Bibel[2] gönnen, deinem Sohn ein Basketball-Zimmer im Sporthotel[3] buchen oder deinem kleinen Neffen ein Magazin für Vorschulkinder[4] bestellen könntest? Kann man, wenn man möchte. Für fast jedes Bedürfnis gibt es auch einen christlichen Wunscherfüller. Manches Bedürfnis wird vielleicht sogar erst geweckt, wenn uns eine besondere Werbung ins Auge sticht.

Wo, bitteschön, ist meine Fluchttür?

Wir leben in einer Welt des »Immer-Mehr«, und es verfolgt uns überall. Scheinbar unbegrenzte Möglichkeiten werben um unsere Aufmerksamkeit. Unruhe und Reizüberflutung sind eigentlich vorprogrammiert. Denn wie soll man in dieser Fülle sein eigenes Maß finden?

Was das manchmal mit mir macht? Ich suche Fluchttüren. Die Suche bringt mich ab und an zu spontanen Entscheidungen wie dieser: Da bin ich mal wieder auf Discounter-Flucht, habe die Nase voll von allein zehn Regalmetern vollgestopft mit diversen Nudeln und betrete zielbewusst einen kleinen Tante-Emma-Laden. Die haben vielleicht zwei Sorten Nudeln, mehr nicht.

Dieses seltene Exemplar eines Gemischtwarenhandels befindet sich in einem Stadtteil Marburgs, in dem wir früher gelebt haben. Ich schätze, dass er sein Sortiment auf gut achtzig Quadratmetern unterbringt. Unglaublich! Und darunter findet sich tatsächlich noch frisches Brot, wohlschmeckender, von Hand verpackter Gouda und Vogelfutter. Hier kann ich in Seelenruhe einkaufen. Wirklich wahr.

Ich suche Fluchttüren.

Manche Fluchten sind mir bereits vertraut, weil ich sie immer wieder antrete. Warum? Weil ich es manchmal einfach nicht mehr aushalte. Das volle, beladene, hektische Leben. Denn irgendwann ist es mal wieder so weit: Ich bin überreizt, überdreht, unruhig. Deshalb will ich in den kleinen Laden. Einfach, um meine Ruhe zu haben.

Welche Flucht hast du zuletzt angetreten, um dich vor dem »Zuviel« zu schützen?

An welchen Stellen deines Lebens hast du dich schon mal bewusst selbst begrenzt und richtig gute Erfahrungen damit gemacht?

Willkommen in meinem Herzen

Wie gesagt: Nur manchmal flüchte ich. Denn eigentlich bin ich ja in meinem Herzen so gern eine Häwelfrau. Ich spiele damit auf die gute alte Story von Theodor Storm an: *Der kleine Häwelmann.* Er schrieb dieses Kunstmärchen 1849 für seinen Sohn Hans. Den Häwelmann habe ich schon öfter in meinen Büchern erwähnt, weil er mir so sympathisch ist.

Der Kleine ist putzmunter, im Gegensatz zu seiner müden, eingeschlafenen Mutter. Der Mond schaut durch das Fenster und sieht, wie der Junge sich aus seinem Nachthemd ein Segel gebaut hat und mit seinem Rollenbett im Zimmer umherfährt.

»Als er drei Mal die Reise gemacht hatte, guckte der Mond ihm plötzlich ins Gesicht. ›Junge‹, sagte er, ›hast du noch nicht genug?‹

›Nein‹, schrie Häwelmann, ›mehr, mehr! Mach mir die Tür auf! Ich will durch die Stadt fahren; alle Menschen sollen mich fahren sehen.‹«[5]

Ich kenne die Lust auf »mehr«! Ich erlebe sie so oft! Der schöne Augenblick, die leckeren Erdnüsse, der tiefsinnige Austausch, das opulente Frühstück, das berührende Konzert, der unbekümmerte Urlaub, der wohltuende Brief, die zarte Liebeserklärung, die zeitlose Radtour – von mir aus kann das manchmal endlos sein. Ist doch gerade so herrlich! So beflügelnd, fröhlich, lecker, liebevoll.

Ich kenne die kleine Trauer, das Verlustgefühl, die Enttäuschung, das Loslassen, wenn all dieses Wunderschöne dann eben doch zu Ende ist. Und ich kenne die Unersättlichkeit: Was kommt denn als Nächstes dran? Welcher schöne Augenblick wartet demnächst auf mich? Die Lust am Kick, die Sehnsucht nach Großem, der Hunger nach …?

> Ich kenne die Lust auf »mehr«!

Ja, wonach denn? Vielleicht ist es der Lebenshunger, der mich antreibt? Rausholen, was möglich ist? Chancen ergreifen? Auskosten, was geht? Wenn ich in mich selbst hineinhorche, dann entdecke ich Gründe, die mein »Häwelfrauen-Gen« gefördert haben:

Da ist zunächst wirklich diese Lebenslust, die mir schon als Kind zu eigen war. Sie war es, die mich dazu brachte, viel zu wollen und zu wünschen. Wenn ich zehn Kinder zum Geburtstag einladen durfte, wäre ich nie auf die Idee gekommen, freiwillig nur sieben einzuladen. Warum auch? Natürlich hatte ich zehn Namen auf meiner Liste stehen. Und innerlich wahrscheinlich noch ein paar mehr.

Dann sind es meine Kreativität und mein Verantwortungsgefühl. Beide sorgen für einen Ansturm an Ideen in Kopf und Herz. Es gibt genügend Einfälle für Familie, Ehrenamt und Beruf. Bei mir ist innerlich fast immer was los. Fragt meinen Ehemann Uli, der kennt die »Du, mir ist da eben was eingefallen«-Momente seiner Gattin. Außer wenn ich aktiv dagegen ansteuere, hält mich im Kopf fast immer was beschäftigt.

> Außer wenn ich aktiv dagegen ansteuere, hält mich im Kopf fast immer was beschäftigt.

Und nicht zuletzt war es meine chronische Erkrankung, die mich über vierunddreißig Jahre extrem eingeschränkt hat. Als diese – durch psychotherapeutische Arbeit und Gottes heilendes Handeln – ab Herbst 2019 endlich deutlich besser wurde, erwachten stillgelegte Lebensgeister in mir. Das ist klar! Wie die Geheilten[6] zur Zeit von Jesus sprang ich auf und ahnte neue Möglichkeiten, die mir bisher unmöglich waren. Zu anstrengend oder körperlich unmöglich früher.

Aber nun: endlich ab und an einen Sonntagskuchen backen, einen Tagesausflug mit meinen Kindern machen, ein Wochenendseminar gestalten, einen Urlaub wirklich genießen können! Herrlich! Mehr davon! Wer so lange verzichten musste, der schlägt natürlich über die Stränge. Will weiter, höher, mehr. Ganz natürlich! Ein Zeichen eines nicht mehr gebrochenen Lebenswillens. Halleluja! Gott die Ehre für mein persönliches Wunder!!!

Gott hält unseren Lebenshunger aus

Ich denke, wir dürfen dazu stehen, dass in uns oft viele Wünsche leben. Die Bucket-Listen[7] sind gut gefüllt. Geht es dir ähnlich? Spürst du manchmal auch das »Häwelfrauen-Gen« in dir? Bemerkst du in grundehrlichen Stunden auch oft Lebenshunger und Unersättlichkeit? Dann sei willkommen!

Gott hält uns aus, wenn wir so sind. Er kennt uns ja durch und durch, ist mit unseren Gedanken vertraut (Psalm 139,2). Er hat Zugang zu unserem Innersten, weiß um all unsere Sehnsüchte. Er kennt unsere Bedürfnisse (Matthäus 6,32). Sowohl die, die unseren Körper betreffen (wie Essen, Trinken, Ruhe, Gesundheit, Schutz vor Gefahren), als auch die Wünsche unserer Seele wie beispielsweise unser Bedürfnis nach sozialen Beziehungen.

> Gott hält uns aus, wenn wir so sind.

Seine Nähe in all diesen intimen Bereichen braucht uns nicht zu ängstigen oder zu beschämen. Vielmehr kann es uns stärken, dass er uns im Blick hat. Auch wenn er uns nicht jeden Wunsch erfüllt, sieht er uns. Persönlich. Liebevoll. Weise. »Wenn sich Gott so wunderbar um die Blumen kümmert, die heute aufblühen und schon morgen wieder verwelkt sind, wie viel mehr kümmert er sich dann um euch?« (Matthäus 6,30).

Hier ist Platz für deinen Lebenshunger. Worauf bist du hungrig? Verrate dir selbst deine kühnen Träume!

Von der Last des Häwelmanns

Im wirklichen Leben endet die Reise mit dem Rollenbett nicht immer im Glück, sondern manchmal im Gegenteil. Wie oft haben mich Freundinnen und Bekannte angerufen und mir gesagt: »Mir wird gerade alles zu viel!« Oh, wie gut ich das kenne. Die Mitarbeit in der Gemeinde, die geplante Silberhochzeit, das Projekt im Job, der Einsatz für den von Abschiebung Bedrohten, die Fortbildung, die Mitgliedschaft im Fitnessstudio. Alles schön. Aber …

Manche Lasten kommen von außen auf uns zu: der Beruf, die Kinder, die Werbung, die Pflege der Eltern. Und manche Lasten kommen aus unserer eigenen Seele: die Sehnsüchte, Ansprüche, Erwartungen, Wünsche. So wie bei mir auf dem Sofa, als die Textnachricht aufploppte. Mhm, in der eigenen Seele gibt es vielleicht am ehesten Spielraum?

Egal, woher die Lasten kommen: Sie scheinen zu stören. Der Tag ist zu hektisch! Der Kalender zu voll! Die Seele zu unruhig! Wir haben das Gefühl, nicht hinterherzukommen. Wir verlieren die innere Ruhe. Fühlen uns überflutet, getrieben, überfordert, beschwert. Der Häwelmann fuhr mit seinem Rollenbett geradewegs in den Himmel hinein. Der »Mehr-Modus« funktionierte.

Wir aber fahren mit unserem Leben manchmal schlicht in eine Sackgasse, denn der »Mehr-Modus« funktioniert im echten Leben nicht.

Viele Frauen kennen die erste Hilfe: Handy ausschalten, sich im Badezimmer einschließen, sich für drei Stunden mit dem Hund verabschieden, mit Gott reden und vielleicht sogar einen scheinbar wichtigen Termin absagen.

Puuh! Ein erstes Aufatmen. Sich Abstand und Ruhe verschaffen. Den Kopf wieder frei kriegen. Durchatmen. Gut so! Und dann? Geht alles wieder von vorne los?

Manchmal halten wir inne und bemerken: Das reicht nicht. Das hilft auf Dauer nicht wirklich weiter. Das enorme Überangebot in vielen Lebensbereichen braucht als Gegenmaßnahme mehr als eine gut gefüllte Badewanne zum Abtauchen.

Unser Leben ist nicht ausbalanciert. In ehrlichen Stunden sehen wir unsere »Kennzeichen«. Sie zeigen, dass etwas nicht stimmt:

- Wir hecheln durch unseren Alltag, weil wir die innere Mitte verloren haben.
- Wir sind unglücklich über die vielen Angebote und Möglichkeiten in unserem Land, weil sie uns überfluten.
- Wir sind innerlich selten im »Jetzt und Hier«, weil wir uns weglotsen lassen.
- Wir sagen nicht häufig genug Nein, weil uns Mut oder Standfestigkeit fehlen.
- Wir können nicht ausreichend gut abschalten, weil wir überflutet und überreizt sind.
- Wir genießen zu wenig, weil wir es in unserer vollen Welt kaum lernen konnten.
- Wir stellen uns zu große Schuhe hin, um unsere Lebensziele zu erreichen, weil wir uns verschätzen.
- Ja, wir entwickeln vielleicht sogar körperliche Probleme wie psychosomatische oder stressbedingte Beschwerden[8], weil unser Körper diesen Lebensstil nicht mehr abfedern kann.

Sicher gibt es noch weitere Folgen, mit denen manche zu kämpfen haben.

Vielen »Kennzeichen« unseres Lebensstils möchte ich auf meiner Schatzsuche in diesem Buch nachgehen.

Spurensuche
Welche dieser »Kennzeichen« kommen dir bekannt vor?

Steuerrad
Womit hast du schon einmal gegengesteuert?

Tiefe Ruhe – warme Menschlichkeit

Vor Jahren hatte ich ein Aha-Erlebnis. Mir wurde klar: Auch Jesus, der Sohn Gottes, kannte Alltag. Er lebte nicht einfach ins Blaue hinein. Hatte Ziele. Aber was war so deutlich anders als bei uns? Warum habe ich beim Lesen der Evangelien nie das Gefühl: »Jetzt hat er es aber mal wieder gründlich übertrieben«? Oder: »Da sieht man es, es kann eben keiner ohne Hektik, Unruhe und Stress auskommen, auch der Sohn Gottes hat es nicht geschafft.«

Das Leben von Jesus hat Schätze für uns bereit.

Im Gegenteil! Ich beschäftigte mich immer mehr mit seinem Lebensstil und konnte herauslesen: Dieser Mann ruhte in sich selbst. Mitten in den Herausforderungen verströmte Jesus immer noch Sicherheit, Ruhe, Gelassenheit. Ja, sogar Furchtlosigkeit.[9] Gleichzeitig wirkte er aber in seinen Begegnungen nicht unnahbar oder gar weltfremd. Das beeindruckt und fordert heraus.

Nun könnte man dagegenhalten: Moment mal! Es gab damals keinen Terminkalender. Keine Nachrichten. Keine überfüllten Briefkästen. Jesus hatte keine eigene Familie mit quirligen Kindern. Und ein Handy sowieso nicht. Was sollte ihn schon aus der Ruhe bringen?

All das stimmt. Die Welt war zur Zeit von Jesus eine ganz andere. Dennoch, einige Herausforderungen kommen uns bekannt vor: Auch Jesus kannte Menschenmassen, Zeitnot, Unruhe, Bitten von Hilfsbedürftigen, Bedrängtwerden durch Einzelne, Kämpfe in seiner Seele, Sehnsucht nach Ruhe, Belastungen in seinen Gedanken, Änderung seiner Tagespläne.

Was war sein Geheimnis? Ihm gelang es häufig, innerhalb kurzer Zeit wieder in seine Balance zu kommen. Das erscheint mir einzigartig. Es reizt mich, fordert mich heraus, lockt mich an. Das ist doch stark, wie er leben konnte. Gibt es da nicht vieles, wovon ich, wovon wir alle heute noch profitieren können? Ich glaube schon.

Deshalb möchte ich mich mit dir zusammen in diesem Buch auf den Weg machen. Das Leben von Jesus hat Schätze für uns bereit. Es wird spannend sein, sie aufzustöbern. Ich meine: Jesus hat zeitlose Angebote für ein kraftvolles Leben in Balance.

Ein Kernwort ist für mich dieses: »Dann sagte Jesus: ›Kommt alle her zu mir, dir ihr müde seid und schwere Lasten tragt, ich will euch Ruhe schenken. Nehmt mein Joch auf euch. Ich will euch lehren, denn ich bin demütig und freundlich, und eure Seele wird bei mir zur Ruhe kommen‹« (Matthäus 11,28-29).

Was für eine Autorität geht von ihm aus! »Ich will euch Ruhe schenken!« Kraftvolles Versprechen! Jesus konnte das behaupten, weil er selbst aus der Nähe seines Vaters Ruhe und Energie zog. Durch diese innere Abhängigkeit war er nach außen hin so ruhig und gelassen.[10] Wow!

»Ich will euch Ruhe schenken!«

In manchen alten Bibelübersetzungen wird dieses Jesuswort *Heilandsruf* genannt. Wie passend! Jesus spricht hier eine Einladung aus. Was beinhaltet sie? Enge Gemeinschaft mit ihm verspricht Ruhe, Ausgeglichenheit, Zufriedenheit, Gelassenheit. Ich kenne genau diese Erfahrung: Ankommen bei ihm bringt mich zur Ruhe, macht vieles etwas leichter und mich zufrieden. Dafür nutze ich drei Tools:

- Stille Zeit
- Stille Tage
- Stoßgebete

Eine »stille Zeit« hilft mir manchmal dabei, im Alltagsgeschehen Abstand zu finden. Das wirkt oft, aber nicht immer.

Besser noch regenerieren mich stille Tage, die ich im Jahreslauf einbaue. Oft starte ich mein geistliches Tagebuch mit genau diesem Gedanken: »Ich komme mit ...« – und dann folgen die Lasten, die mich müde gemacht und beschwert haben. Meist ergeben sich im Lauf des Tages dafür zündende Gedanken, Lösungen, Erleichterungen.

Seit Jahren versuche ich, noch spontaner zwischendurch zu Jesus zu kommen. Mitten im Alltag. Wenn ein Telefonat ansteht, der Punkt auf der To-do-Liste schwierig ist, die Vorfreude auf etwas wächst oder das nächste Meeting belastet. Aktuell mein Herz ausschütten, ihn mit reinnehmen in Gedanken und Gefühle. Still werden mitten im Sturm.

Warum suche ich Jesus im Alltag? »Wer Gott im Gebet und in der Meditation erfährt, der wird innerlich wie äußerlich ruhig, der kommt zu sich selbst, der kommt in Einklang mit sich selbst.«[11] Ich genieße es, nach den Sekunden, Minuten oder Stunden mit ihm erleichterter, abgeklärter und gelöser weiterzuleben.

> **ALLTAGSSTOSSGEBET**
> Mitten im Alltag dem Heilandsruf folgen und stoßbeten:
> Setz dich kurz auf den Boden oder stell dich ans offene
> Fenster, streck ihm deine Arme entgegen. Atme tief in
> deinen Bauch ein. Lade ab, was dich beschwert: »Jesus,
> ich bringe dir …!«
> Stell dir einfach vor, wie du neben Jesus bist, er dich
> hört und segnet. Höre kurz auf ihn. Vielleicht fällt dir ein
> Bibelwort oder Gedanke ein.

Jesus entschied sich für Wesentliches

Jesus lebte nicht unter einer Käseglocke. Abgeschirmt von Menschen und Herausforderungen. Im Gegenteil: Er war mittendrin. Unter den Menschen. Im Gewühl. Umgeben von Erwartungen, Hilferufen, Bitten. Die Evangelien berichten an keiner Stelle davon, dass er diesem Leben nicht gewachsen gewesen wäre. Nein, er hat sich bewährt. Und wie gelang ihm das? Jesus bewährte sich, indem er sich teils für weniger und dadurch für das Wesentliche entschied.

> Jesus pflegte die Gemeinschaft mit seinem Vater.

Sein Weniger: Er verzichtete auf Hektik und blieb bei einem praktikablen Arbeitstempo. Er drängte auch die Jünger nicht zu Mehrarbeit. Er steuerte also gegen zeitliche Überlastung. Er sparte an Sorgen. Er legte einen begrenzten Kreis an Mitarbeitern fest, in die er investierte. Er verzichtete auf Besitz und zeitweise auf ein festes Zuhause. Er erfüllte nicht einfach blind Erwartungen der Menschen, sondern prüfte sie.

Und sein Wesentliches? Er pflegte die Gemeinschaft mit seinem Vater. Er suchte bewusst die Einsamkeit. Er nahm sich spontan Zeit, wenn Menschen »dazwischen«-kamen. Er erfüllte seinen Auftrag, indem er Menschen heilte, seine Jünger schulte, heilsame Worte sprach. Er hatte Zeit zum Feiern, Essen und Genießen. Er schlief, wenn sein Körper es nötig hatte. Er wanderte zu Fuß.

Er hatte einen riesengroßen Auftrag, nämlich das Reich Gottes auf dieser Erde sichtbar zu machen. Und dennoch verzichtete er auf Hektik und Stress. Dabei hätte es genügend Gründe gegeben, sich Stress zu machen. Matthäus berichtet: »Große Menschenmassen umlagerten ihn, wohin er auch ging« (Matthäus 4,25).

Trotzdem blieb Jesus in seiner göttlichen Ruhe. Sein Tag hatte vierundzwanzig Stunden, keine weiteren. Und seine öffentliche Wirksamkeit war für den kurzen Zeitraum von drei Jahren geplant. Da haben heutige Theologen gerade mal ihr Vikariat und ein erstes Berufsjahr hinter sich. Oder eine Krankenschwester ihre Ausbildung. Mehr nicht. Was für eine kurze Zeitspanne.

Und dennoch, Jesus wirkt in seinen wenigen »Dienstjahren« sehr fleißig, aber nie gehetzt. Er lebt genau das, wozu er einlädt: Er verströmt Ruhe. »Am wichtigsten ist mir der Gedanke, dass es Zeit wird, der Ruhe wieder den Platz zu geben, die ihr gebührt: den ersten. Alles mit Ruhe beginnen, statt mit einem Seufzer der Erschöpfung zu enden«, schreibt Tomas Sjödin.[12]

Wo stehen wir?

Manche von uns sind vielleicht durch ihre Biografie selbst schon darauf gestoßen, ihr Leben entschlacken zu wollen. Andere hat die Coronakrise wachgerüttelt.

Kann man dem »Weiter-höher-schneller«-Modus widerstehen? Kann man einfach arbeiten, kochen, spielen, reden, schlafen, beten, wandern, lieben? Und mehr vielleicht nicht? Müssen wir gar nicht überall hinreisen, überall teilnehmen, immerzu arbeiten, immer eilen, alles kaufen, vieles mitkriegen und immer online sein?

Verschüttete Sehnsüchte tauchten auf: Ach, hätten wir doch mehr Ruhe, Entspannung, Zufriedenheit und weniger Ausbeutung, Überreizung und Maßlosigkeit! Damit meine ich nicht Stoßzeiten, die es in jedem Beruf/in jeder Berufung einmal geben wird und die auch jede von uns mal abfedern kann. Ich meine den gewöhnlichen Alltag.

Einer scheint es schon vor Jahrhunderten vorgelebt zu haben. Er verzichtete auf Hektik, Stress und Unruhe und lebte dennoch so verschwenderisch segensreich.

Gibt es momentan Lebensbereiche, in denen du ab und an in Hektik und Stress gerätst?

Lösungen suchen und finden

Es gibt etwas, was ich nicht mag: wenn man mit frommen Antworten abgespeist wird. Nichts ist frustrierender, als wenn Gefühle, Probleme und Herausforderungen fromm kleingeredet werden.

Jesus ist für mich keine platte Antwort auf komplexe Fragen und Herausforderungen. Er soll also nicht wie eine Instantlösung für Kakao sein: einfach drei Löffel nehmen, Milch drübergießen, umrühren und fertig. Geschmacklich weit entfernt von »richtigem« Kakao, der mit guten, warmen Zutaten bereitet und mit Sahnehaube genossen wird.

> Nichts ist frustrierender, als wenn Gefühle, Probleme und Herausforderungen fromm kleingeredet werden.

Einfach ein frommes Wort servieren wird in der Tiefe nicht befriedigen, denn: Die Last der Häwelmänner und Häwelfrauen des 21. Jahrhunderts ist groß. Ich glaube, es wird darum gehen, tief zu schürfen, um Lasten abzutragen. Mir ist wichtig,

- hinter die Oberfläche unserer manchmal lebensfeindlichen Entscheidungen zu schauen,
- in das Leben und Denken von Jesus Christus einzutauchen,
- hilfreiche Jesus-Grundsätze in unsere Zeit zu übertragen,
- alltagstaugliche Anregungen zu geben (dazu findest du Alltags-Challenges, Gebete und Fragen)
- und dir viel Freiraum für eigene Lösungen zuzutrauen. Dazu sind Glühbirnen im Buch verteilt. Sie markieren Stellen, an denen uns Lichter aufgehen können. Du bist eingeladen, jederzeit weitere Glühbirnen zu setzen. Damit kannst du dieses Buch für dich selbst weiterschreiben.

Wir werden also zusammen mit Gottes Hilfe einiges entwickeln können. Ich weiß natürlich, dass auch das bruchstückhaft bleiben wird. Aber wichtig ist ja: vorwärtszugehen! Gutes umzusetzen! Im Denken und Leben voranzukommen. »Haltet euch an Jesus Christus, den Herrn, und lasst euer Leben von ihm bestimmen« (Römer 13,14). Das ist ein großes Ziel.

Vielleicht gelingt es uns, es in kleine, alltagstaugliche Portionen runterzubrechen? Zu diesem Zweck möchte ich in jedem Kapitel Alltags-Tools zum Ausprobieren, Weiterdenken oder Weiterentwickeln einstreuen. Damit kannst du in deinem Alltag Erfahrungen sammeln.

Wichtig ist ja: vorwärtszugehen!

Ruhe – dein Coronageschenk

Wie bitte? Gibt es »Coronageschenke«?

Corona selbst ist kein Geschenk, sondern hat zweifellos viel Leid verursacht. Da gibt es nichts zu beschönigen, sondern viel zu betrauern. Aber Gott benutzt manchmal Umstände oder sogar Krisen, um uns auf bestimmte Dinge aufmerksam zu machen. Und es gilt: »Wir wissen, dass für die, die Gott lieben und nach seinem Willen zu ihm gehören, alles zum Guten führt« (Römer 8,28).

Ja, das klingt erst mal herausfordernd und wagemutig. Aber ich möchte es austesten und deshalb in diesem Buch immer mal wieder den Blick auch darauf werfen, was uns diese Krise vielleicht an Gutem entdecken lässt.

Der erste Lockdown, den wir 2020 erlebten, setzte uns sozusagen von außen in den Ruhezustand. Jedenfalls einige von uns, andere mussten ja aufgrund familiärer Situation auch deutlich mehr leisten und hatten weniger Ruhe. Insgesamt als Gesellschaft aber wurden wir »runtergefahren« und konnten genau das leben, was ich oben beschrieben habe: arbeiten, kochen, spielen, reden, schlafen, beten, wandern, lieben – und sonst nichts. Keine

Veranstaltungen, Reisen, Feste, Instrumentalproben oder andere wichtige Termine.

Und siehe da! Hinter vorgehaltener Hand trauten sich nach und nach einige, es zu flüstern: »Schön war das! Hat mir gutgetan! Hat uns als Familie gutgetan! Wir vermissen gar nicht so viel.« Ein unverhofftes Geschenk für unruhige Seelen?

Jedenfalls eine deutliche Anregung für unser persönliches Leben. Ich selbst habe mir deshalb angewöhnt, seitdem komplett freie Wochenenden in unseren Ehekalender einzutragen. Da steht dann im Kalender: nichts! Wirklich wahr!

ENTSPANNUNGSÜBUNG

Diese Übung kannst du jederzeit in deinen Alltag einbauen. Sie braucht keine Vorbereitung. Sie kann dir zur Ruhe verhelfen.

Öffne den Mund, hole tief Luft, halte den Atem an (ungefähr 7 Sekunden lang). Denke beim Ausatmen an eine angenehme Szene (Strand, Urlaub, Badewanne, Kamin ...) und entspanne deine Muskeln.

Alternativ kannst du an das Wort »Jesus macht mich ruhig« denken.[13]

HEILANDSRUF

Du kannst dir den Heilandsruf sichtbar machen, indem du ihn auf ein Stück Papier schreibst. Lege diesen Zettel in dein Portemonnaie, klebe ihn an den Kühlschrank oder dein Lenkrad oder ...

Vision Days

Ich habe mir seit einigen Jahren angewöhnt, in den ersten Tagen des neuen Jahres bei mir einzukehren (andere machen es monatlich oder unregelmäßig). Es sind meine *Vision Days*. Also die Tage, an denen ich zusammen mit Gott eine gute Vision für mein Leben entwerfe.

An den *Vision Days* darf geträumt, gesponnen, entworfen und gestrichen werden. Egal, ob ich diese Tage zu Hause oder am Meer verbringen kann, ich nehme mir Zeit für zehn Fragen. Sechs davon haben mit Entscheidungen rund um meine Zeit zu tun. Du findest sie hier:

**VISION DAYS –
SECHS FRAGEN ZUM JAHRESANFANG:**
1. Was in meinem Leben soll so bleiben, wie es ist, weil es gut ist?
2. Was sollte ich nicht tun?

3. Welche Beziehungen sollte ich stärken?
4. Was passt nicht mehr?
5. Was sollte ich klären? Für mich? Mit anderen?
6. Was will ich lernen?

Diese Fragen haben es in sich. Mir helfen sie dazu, richtig gute Entscheidungen zu treffen, bevor ich überflutet werde. Besonders die Fragen 1 und 4 sind hilfreich, um entschlacken und loslassen zu können. Wichtiges anzudenken und später umzusetzen.

Zwei Alltagsbeispiele: Anfang 2020 habe ich für mich erkannt, dass ich keinen Instrumentalunterricht mehr geben möchte. Das habe ich seit fast vierzig Jahren getan. Aber nun spürte ich: Es ist Zeit, mir ein wenig Freiraum zu verschaffen, um anderem besser gerecht zu werden. Ohne diese Fragen zum Jahresanfang hätte ich einfach immer weitergemacht. »Das schaffst du schon noch!« Obwohl der Alltag längst zeigte, dass es für mich nicht mehr dran war.

So habe ich also Abschied von meiner letzten Schülerin genommen. Ich fühlte mich ein wenig mulmig dabei, weil es für uns beide nicht leicht war. Aber ich wusste, dass ich dieses Zeitfenster brauchen würde. Und als ich den Plan in die Tat umgesetzt hatte, war ich erleichtert.

Anfang 2019 erkannte ich für mich, dass ich mir irgendeine Gebrauchsanweisung für den Umgang mit dem Handy geben wollte. Ich habe damals Ideen ausgeheckt wie: Keine Nachrichten vor meiner Mittagspause lesen. Keine Infos zu Arbeit und Ehrenamt nach 20 Uhr anklicken. Nur einmal am Tag bei Insta und Co gucken.

Leider musste ich im Alltag merken, dass ich das nicht so leicht umsetzen konnte. Da ringe ich also noch. Aber zumindest bin ich aufmerksamer dafür geworden, dass das Handy mich oft mit Informationen überflutet und möglicherweise Zeit frisst. Darauf möchte ich achten.[14]

Vision Days eignen sich besonders für Frauen, die sich in vielen Lebensbereichen selbst organisieren müssen, wie Lehrerinnen, Therapeutinnen, Künstlerinnen, Pastorinnen, Pflegemütter, Referentinnen, Heilpraktikerinnen, Mütter, Landwirtinnen u. a. Aber auch andere engagierte Frauen, die beruflich stärker festgelegt sind und deshalb im Alltag weniger Spielraum haben, können davon profitieren.

Wochen- und Tagesplan

Nun wird es noch konkreter. Wie kann ich mir einen angemessenen Plan für die nächste Zeit machen? Ich verrate dir, wie ich mich selbst entlaste. Ich tue es, indem ich zuerst meine Oasen (für die Woche und den Monat) eintrage.

Wie bitte? Zuerst die Oasen? Ja! Zuerst lege ich fest, wann ich Sport mache, Zeit mit Gott verbringe, Entspannungsübungen mache oder mit einer Freundin telefoniere. Da ich selbst keine »Trödelmarie« bin, sondern von Natur aus aktiv, hilft mir das sehr. Denn ich kenne mich: In dem Rest der Zeit werde ich sowieso tätig sein – freiwillig und gern. Auch, weil ich es viele Jahrzehnte nicht konnte.

Solltest du eher Probleme mit Selbstdisziplin haben, dann kannst du umgekehrt vorgehen: Trage zunächst deine Aufgaben ein (Arbeitszeit für Beruf, Haushalt, Ehrenamt). Dabei kannst du, wenn du eher selbstständig arbeitest, noch folgenden Zeit-Tipp umsetzen:

»Eine ›Faustregel‹ im Zeitmanagement besagt, dass man nur ca. 60 % der täglichen Arbeitszeit verplanen soll. 40 % sind Pufferzeiten für Unvorhergesehenes wie Arbeiten, die länger dauern, Störungen bzw. Unterbrechungen.«[15] Dieser Tipp kann dazu verhelfen, nicht ständig ins Hetzen und Rotieren zu kommen.

Wenn du merken solltest, dass du immer noch zu eilig unterwegs bist, dann geh noch mal zurück zu deiner Jahresplanung. Eventuell möchtest du noch etwas mithilfe von Frage 1 und 4 ändern.

Bin ich eher zu diszipliniert oder zu undiszipliniert? Welcher Tipp wird mir helfen?

VERZICHTTRAINING

Gönn dir einen bewussten Verzicht: Ich verzichte in der kommenden Woche oder im kommenden Monat auf Folgendes:

. . . .

(Beispiele: selbst gemachten Zeitdruck, überfüllten Tagesplan, Freizeit-Termin XY ...). Und ich schaue, wie es mir damit geht.

Bewusste Entscheidungen am Jahresanfang, Monats- oder Wochenbeginn können uns also darin unterstützen, unsere Zeitplanung zu entrümpeln und uns zu fokussieren. Sie entlasten. Bringen mehr Ruhe ins Leben. Gönnen wir uns *Vision Days* oder *Vision Moments*!

»Weniger« ist das Codewort

»Mehr, mehr!« Die Mehr-Strategie des Häwelmanns klingt verlockend, führt letztlich aber oft nicht ins Lebensglück. Ist das frustrierend? Vielleicht. Es hätte doch so schön sein können, in dem »Weiter-höher-schneller-mehr«-Modus zu bleiben.

Aber irgendwann kam die Krise und erschütterte uns. Vielleicht war es die persönliche Lebenskrise oder die weltweite Coronakrise. Oder es war schlicht und ergreifend eine große Unzufriedenheit mit dem eigenen Leben. So aufgerüttelt zu werden, ist gut, denn Ehrliche werden dadurch bemerken: Manches ist auf der Strecke geblieben. Wir haben es unterwegs verloren oder bisher nie entdeckt. Dazu mehr in Teil 2.

> Selbst kleine Entscheidungen können große Wirkung bringen.

Aber es gibt Hoffnung: Selbst kleine Entscheidungen können große Wirkung bringen. Zum Beispiel das erste schüchterne »Ja« dazu, uns selbst begrenzen zu wollen. So erobern wir uns Leben zurück. Was wir gewinnen? Mehr Qualität, Zufriedenheit und Seelenruhe. Das kann frau ausprobieren.

2. VERFÜHRT UND VERLETZT

Apropos Vanille und Schokolade ...

Rosa, Braun, Cremefarben und sogar Türkis. Oder doch lieber Dunkelrot? Die Farben schwirren vor meinen Augen. Tauche ich etwa entlang eines Korallenriffs irgendwo in der Karibik? Weit gefehlt. Ich stehe in der Eisdiele einer gewöhnlichen Kleinstadt und möchte meine Waffel füllen lassen. Und habe die Qual der Wahl. Weil es so ist, lande ich ganz oft bei Weiß/Braun, meiner persönlichen Tradition von Haselnuss und Zitrone.

Mhm, das wird lecker! Zum Glück läuft mir bei der schlichten Entscheidung noch das Wasser im Mund zusammen. Oder hätte ich doch lieber Chili-Schoko oder Basilikum-Erdbeere nehmen sollen? Uff! Die Qual der Wahl!

Schlüsselerlebnis

Eis gönne ich mir nicht täglich und das Beispiel ist letztlich banal. Wenn es nur kein Anzeichen dafür wäre, dass es uns in ganz vielen Kaufsituationen ähnlich geht: Wir sind erschlagen von einer riesigen Auswahl. Mit der einige umgehen können, andere (noch) nicht.

Rückblende. Da stehe ich in einer Marburger Boutique. Schlendere an endlosen Ständern mit Oberteilen entlang. Schaue hier und prüfe da. Plötzlich dringt eine Stimme an mein Ohr: »Hallo!«

Verwundert drehe ich mich um. Wir sind noch neu in der Stadt, ich kenne also kaum jemanden. Schnell das Gesicht scannen und überlegen, wer das ist. Ich glaube, die habe ich bei einem Frauenfrühstück in der Stadt schon mal gesehen. Grüße also fröhlich zurück.

»Da bin ich doch froh, dass ich das hier alles nicht brauche, um glücklich zu sein! Heute ist für mich nichts dabei.« So in etwa sprudelt sie mir fröhlich entgegen. Hält eine beachtliche Zahl an Oberteilen über ihrem Arm, steuert den entsprechenden Ständer an, hängt alles dort auf und nickt mir im Gehen noch aufmunternd zu. Zufrieden verlässt sie den Laden – ohne Shopping-Trophäe!

»Da bin ich doch froh, dass ich das hier alles nicht brauche...!«

Waaas? Verdattert schaue ich ihr nach. Was hat sie eben gesagt? »Da bin ich doch froh, dass ich das hier alles nicht brauche ...!«? Ja, wie um alles in der Welt kann sie denn so denken?

Nie im Leben werde ich es hinkriegen, so zufrieden und entspannt wie sie aus dem Laden zu gehen. Stattdessen bin ich eigentlich wieder randvoll mit negativen Gefühlen. Die verpesten gerade Kopf und Herz. Und hier sind sie:

- Du bist zu blass. Wärest du geschminkt in die Stadt gegangen, dann hätte dir auch etwas gestanden.
- Du bist nicht schön genug. Eigentlich müsstest du anders aussehen.
- Du bist zu dick. An den Hüften bist du einfach zu dick.
- Du bist zu entscheidungsschwach. Hättest du das Teil aus dem ersten Laden genommen, dann hättest du doch wenigstens *ein* Oberteil. So hast du mal wieder gar keins und bist unentschlossen.

- Du bist nicht mutig genug. Die Frau dort drüben sieht ja richtig gut aus, aber du würdest es nie wagen, so etwas zu tragen.

Hilfe, welche Gedanken leben denn da in mir? An jenem Tag verlasse ich den Laden und fasse wagemutig den Entschluss: So will ich nicht mehr denken, urteilen, bewerten und einkaufen. Heute möchte ich einen Schalter umlegen und mir selbst ein Zeichen setzen: Stopp! Bis hierhin und nicht weiter!

Fruststopp
Welche Urteile über dich selbst verpesten dir beim Shoppen Kopf und Herz?

Ganz ehrlich: Wie endeten denn normalerweise meine Shopping-Touren? Beladen mit meinem ganzen Frust kehrte ich zur Familie zurück und nervte mit meiner stinkigen Laune. Die trug ich zwar nicht laut vor mir her, aber ich zeigte sie durch mein bedrücktes, entmutigtes, freudloses Wesen.

> Heute möchte ich einen Schalter umlegen und mir selbst ein Zeichen setzen.

Lichtjahre entfernt von Glück und Zufriedenheit. Gefangen in Selbstmitleid. Bedrückt durch fehlendes Selbstvertrauen. Und verführt von der Welt der tausend Möglichkeiten, die mir einredet: »Das alles brauchst du, um glücklich zu sein.«

Wild entschlossen statt entmutigt kehrte ich diesmal nach Hause zurück. Hatte ich einen Plan? Nein, ich hatte zunächst nur großen Mut: Jetzt gehst du das Thema »Klamotten« an. Du brauchst neue Gedanken und neue Verhaltensweisen. So weit mein Marburg-Erlebnis.

Die lustige Kleiderschrank-Session

Ich schnappte mir also ein Buch zum Thema »Farb- und Stilberatung« und nahm sogleich einen Mutgedanken mit, den ich aus anderen Lebensbereichen ja schon kannte: Weniger ist mehr! Es kommt nicht auf die Fülle im Schrank an.

Tage später fand ich mich zusammen mit meinem Ehemann vor unseren Kleiderschränken wieder. Systematisch und energisch haben wir zum ersten Mal im Leben radikal ausgemistet: Jedes Teil wurde zur Hand genommen und geprüft:

- Sind es meine Farben?
- Passt das zu mir, zu dir?
- Gibt es irgendeinen Anlass, das zu tragen?

Zeitgleich wurde sortiert: Der Stapel für »gut«, der für den Secondhandladen, der für den Müll (weil einfach nur noch unbrauchbar) und der »fürs Putzen«. (Ich bekenne ehrlich: Meine ansehnliche Putzkleidung aus dem Jahr 2002 hat mich bereits weit über fünfzehn Jahre ausreichend gekleidet, wenn die Dusche zu schrubben war.)

> Weniger ist mehr! Es kommt nicht auf die Fülle im Schrank an.

Irgendwann waren wir nur noch am Kichern, als wir da vor unseren Schränken standen: zu weit, zu lang, zu orange, zu abgenutzt, zu doof ... Zugegeben, für meinen »Jäger und Sammler« war es ein harter Tag. Obwohl auch ihm während dieser Schlafzimmerstunden immer mehr dämmerte: Der Weg ist wohl richtig, den wir gerade einschlagen.

Schöner leben und wohnen
Wie sieht dein Traumschrank oder dein Traum-Zuhause aus? Wie leer oder voll darf es bei dir sein? Hier ist Platz für deine Träume: . . . .

. . . .

Heilwerden von innen nach außen

Fast zwei Jahrzehnte sind mittlerweile vergangen, seit diese zufriedene Frau in der Boutique eine Initialzündung in meinem Leben vorgenommen hat. Und das, ohne es zu wissen. In den folgenden Jahren bin ich tiefer eingestiegen, denn das Kichern vor dem Schlafzimmerschrank war ja nur ein Anfang. Der war gut, aber es sollte noch weiter gehen.

Heute weiß ich: Wer aus den Klauen der Verführung durch Konsum herauswill, kann den Weg von innen nach außen nehmen. Innere Veränderung wird irgendwann äußerlich sichtbar werden. Sie wird uns und anderen zeigen, dass wir nun ein freieres, unabhängigeres Leben führen.

Man kämpft um unsere Aufmerksamkeit.

Was heißt das: den Weg von innen nach außen nehmen? An dem, was von außen auf uns einströmt, werden wir doch nur wenig ändern können! Werbeprospekte, Litfaßsäulen, Internetwerbung, Einkaufsmöglichkeiten wird es weiterhin in Hülle und Fülle geben.

Klar, wir können Schilder am Briefkasten anbringen (»Bitte keine Werbung«) oder Offline-Zeiten einrichten. Aber die subtile Dauerberieselung von »Du brauchst unbedingt dieses Produkt, um wirklich gut leben zu können« wird weiterhin stattfinden.

Man kämpft um unsere Aufmerksamkeit. Baumärkte, Bekleidungsindustrie, Technik- und Sportgeräteanbieter, ja, selbst die Lebensmittelmärkte ringen um uns. Man zeigt uns, was wir angeblich brauchen, um zeitgemäß, modern und anerkannt zu sein. »Das« braucht einfach jeder. Gleichförmigkeit ist jedenfalls *in*.

Und die fromme Welt? Muss auch dort alles durchgestylt sein, damit es akzeptabel ist (Gemeindehaus, Flyer, Homepage, Auftritt im Gottesdienst …)? Befinden wir uns vielleicht selbst da in einem Spagat zwischen zeitgemäßem Gewand, das wir für ein glaubwürdiges Christsein brauchen, und schädlicher Abhängigkeit?

Nur von innen her werden wir ein gutes Fundament legen können. Denn wer seine Prinzipien gefunden hat, der hat eine Richtschnur für seine (Kauf-)Entscheidungen. Die brauchen wir, um

- Verantwortung für uns selbst zu übernehmen,
- Verantwortung der kommenden Generation und Gott gegenüber zu entwickeln,
- mit der Verführung in unserer Welt klarzukommen,
- allen Angeboten zum Trotz zufrieden leben zu können.

Der Start beginnt tief

Ich habe dir eben einen Blick in meine entmutigte, verletzte Seele erlaubt. Warum? Weil ich weiß: Dort fing meine Heilung an. Heilung wird immer in der verletzten Seele beginnen. Dort, wo es wehtut. Und anschließend werden wir fähig zu neuen, besseren Alltagsentscheidungen rund um unseren Konsum.

Eva-Maria Admiral und Annette Friese haben ein Buch[16] herausgegeben, in dem Frauen (und Männer!) zu Wort kommen, die diesen Weg von innen nach außen gegangen sind. Es hat mich schockiert, dort die geballte Ladung an negativen Gedanken zu lesen, mit denen sich von Gott als »sehr gut« geschaffene Menschen oft abquälen. Ich ahne, dass es vielen von uns ähnlich geht. Das ist *eine* der Lasten von uns Häwelmännern und -frauen: Wir werten uns aufgrund vieler Faktoren innerlich ab. Selbstablehnung. Selbsthass. Das ist nicht gesund.

> Heilung wird immer in der verletzten Seele beginnen.

Wie ich zur Heilung gefunden habe? Es war ein langer Weg. Ich habe mir ab 2002 viel Zeit genommen, meinen persönlichen Selbsthass aufzuspüren. Aua. Das hat unendlich wehgetan. Oben habe ich schon einige negative Gedanken über mich benannt. Viele weitere musste ich ans Licht holen. Verletzungen. Entmutigung. Frusts. Enttäuschung.

Menschen und ihre Urteile zogen wieder an mir vorbei: Onkel, Freund, Friseurin ... Alle, die irgendwann mal etwas gesagt hatten, was »gesessen« hatte. Und noch tiefer: Es gab auch Verletzungen, die nicht durch Worte, sondern durch ungesunde Bindung an Menschen in mein Leben gekommen waren. Noch schwerer aufzuspüren, noch schwerer zu heilen.

All das habe ich angeschaut, um den Schmerz zum erneuten Mal auszuhalten, aber anschließend endgültig loszulassen. Ich bin diesen Weg nicht allein gegangen, sondern habe mir therapeutische Hilfe gesucht.

Brainstorming

Nimm dir Zeit für deine Körper-Gedankenwelt: Notiere einmal alle Gedanken, Urteile, lobenden oder tadelnden Worte, die dir über deinen Körper in den Sinn kommen.

Wichtig: Solltest du fast nichts Positives an und in dir finden können, dann bleib nicht allein mit deiner Last. Du kannst dir Unterstützung für deinen Weg suchen, indem du dich seelsorgerlich oder therapeutisch begleiten lässt.[17]

Spieglein, Spieglein an der Wand

Bereits kleine Mädchen bekommen manchmal ein Set mit Kämmen und Spiegel geschenkt. Ich bekam meins, als ich etwa fünf Jahre alt war. Es gibt ein lustiges Foto davon: Die kleine Kerstin hält sich mit geschlossenen Augen den Spiegel vors Gesicht! Witzig! Ich musste lachen, als ich das Foto betrachtete.

Gleichzeitig musste ich schlucken, denn es beschrieb meinen Körperseelenschmerz bis zur Lebensmitte: Ich, Kerstin, konnte mich nicht anschauen! Spiegel waren meine Feinde. Wie soll da ein Fundament wachsen, um gut einkaufen gehen zu können? Das konnte ja nur schiefgehen. Also lernte ich mit Mitte dreißig eben auch das: endlich in den Spiegel zu schauen.

Was haben die Spiegelschau und die Seelsorge gebracht? Heil und Segen! Abschied vom Selbstmitleid. Selbsterkenntnis. Selbstannahme. Freude. Beglückung. Dankbarkeit. Sicherheit im Laden oder bei der Onlinebestellung. Im Lauf der Jahre konnte das alles endlich wachsen.

Kleine Randbemerkung: An meinen (etwas zu breiten) Hüften hat sich übrigens dadurch nichts verändert. Aber ich habe gelernt, mich vorteilhafter zu kleiden. Und ich lernte auch, dass ich den Schöpfer nicht beleidigen möchte, indem ich ihm und mir selbst Abwertungen entgegenhalte. Die Reaktion meines Besten auf meine Hüftbeurteilung möchte ich dir an dieser Stelle nicht vorenthalten. Sie hat nur drei Worte: »So ein Quatsch!« Du darfst gern laut mit mir lachen. Ja, selbst wir schlanken Frauen haben oft noch etwas an uns zu bekritteln. Da gibt es auch bei uns noch Luft nach oben …

 Welche Rolle spielen Spiegel in deinem Leben? Kannst du nicht hineinschauen? Stehst du ständig davor? Oder läuft es entspannt und wertschätzend mit euch beiden?

Und deine verletzte Seele?

Vielleicht brennt dein Schmerz an anderer Stelle: Du hattest als Kind nie Taschengeld und konntest dir kaum etwas leisten? Du willst deshalb immer noch etwas »nachholen«? Du belohnst dich bei Frust mit Essen oder Kleidung? Du bist generell nicht frei in deinen Essgewohnheiten? Du wurdest ausgegrenzt von Freunden, weil du dieses oder jenes nicht hattest? Du bist süchtig danach, Shopping-Trophäen zu erstehen? Oder du gibst kaum etwas für dich (und andere) aus, weil du dir selbst (und anderen) gegenüber geizig bist? Du kreist in Gedanken häufig um Nahrung und Kleidung?

Jesus kennt unsere Tiefen, in die wir selbst vielleicht jahrelang nicht hinabsteigen wollten.

Eine Freundin von mir hat einen der oben beschriebenen Seelenschmerzen sehr stark erlebt. Sie hatte den Mut, mit Jesus in ihre Tiefe hinabzusteigen. Das war kein leichter Weg. Aber im Jahr 2020 ist es ihr gelungen, in einen gesünderen Umgang mit Essen und Trinken hineinzuwachsen. Was für ein Geschenk!

Was ihr geholfen hat? Ihre Ehrlichkeit, Gottes heilendes Handeln, gute Literatur und unterstützende Menschen. Heute kann sie – vielleicht zum ersten Mal im Leben – sagen: »Das Thema ›Essen‹ ist für mich keine Dauersorge mehr.« Das Thema meldet sich zwar ab und an, aber nicht mehr so belastend wie früher.

Jesus kennt unsere Tiefen, in die wir selbst vielleicht jahrelang nicht hinabsteigen wollten. Er ist der, der auf seine einmalige Art und Weise heilen möchte. Er kann das ausgleichen, wonach du dich – vielleicht jahrzehntelang unbemerkt – sehnst.

HEILUNGSGEBET
Jesus, steig bitte mit mir hinab in »meine Tiefe«. Dahin, wo es irgendwie schmerzt und wehtut. Komm dort hinein mit deinem heilenden Segen. Schenk mir einen guten Gedanken von dir und zeig mir meinen nächsten Schritt.[18]

Sorglos

Es ist Zeit für das nächste Aha-Erlebnis.

»Darum sage ich euch: Sorgt euch nicht um euer tägliches Leben – darum, ob ihr genug zu essen, zu trinken und anzuziehen habt. Besteht das Leben nicht aus mehr als nur aus Essen und Kleidung? Schaut die Vögel an. Sie müssen weder säen noch ernten noch Vorräte sammeln, denn euer himmlischer Vater sorgt für sie. Und ihr seid ihm doch viel wichtiger als sie. Können all eure Sorgen euer Leben auch nur um einen einzigen Augenblick verlängern? Nein« (Matthäus 6,25-27).

»Sorgt euch nicht ...«

Wunderschöne Worte! Die Menschen zur Zeit von Jesus hörten sie und brauchten sie sicher auch. Heute, im 21. Jahrhundert, sind sie meiner Meinung nach einfach nur köstlich! Durch nichts anderes zu ersetzen!

Im Geist sehe ich Jesus mit einigen seiner Leute durch unsere Fußgängerzone bummeln. Er ganz vorn, umgeben von Männern und Frauen. Sie lachen, reden und gestikulieren. Aber sie spotten nicht, wenn da jemand den Laden mit acht Tüten verlässt. Sie machen sich nicht lustig, weil eine die Schminke so dick aufgetragen hat, dass sie nicht zurücklächeln kann. Sie ziehen nicht die Augenbrauen hoch, weil eine bei minus drei Grad mit Minirock und dünner Leggins vorbeistöckelt.

Die Menschen, die Jesus begleiten, sind fasziniert von seiner Einstellung zu Besitz und Geld. Und weil sie ahnen: Einer, der so einfühlsam und unterstützend spricht, kennt unsere ausgebrannten Seelen. Dieser Jesus will das anbieten, was wir klammheimlich ersehnen: Sorglosigkeit beim Einkauf, Zufriedenheit mit uns selbst, Unabhängigkeit vom Mainstream, Freude am eigenen Körper, Glück im Sein.

Er konnte zu diesem Leben einladen, weil er selbst so unglaublich frei war. »Die Dinge sind für ihn einfach da, Teil der Welt seines Vaters. Er benutzt sie, wo es am Platze ist, und freut sich ihrer, ohne daraus eine Angelegenheit zu machen. Die Dinge bedeuten keine Gefahr für ihn, wohl aber für die Menschen.«[19] Das können wir eigentlich jeden Tag genauso positiv erleben. Ein Beispiel gefällig?

> Er sorgt für uns. Versprochen!

Während ich an diesem Kapitel schreibe, ist Adventszeit. Ach, wie schön und gemütlich. Es ist aber auch für manche Frauen Sorgenzeit hoch zehn! Man animiert uns: Hast du dir schon das perfekte Festmenü ausgedacht, nachdem du die ersten drei Entwürfe verworfen hast? Den Wein besorgt? Die Schuhe zum Kleid? Oder fehlt noch was?

Da kann sich frau doch gar nicht verweigern, oder? Innerlich nicht mitgehen? Sorglos sein? Gelassen die Ansprüche an sich vorbeiziehen lassen? Das ist wirklich herausfordernd.

Aber ich glaube, dass es keine Einschränkungen für die Jesusworte gibt. Sie laden ein, uns auf sie einzulassen. Immer. Im Alltag und zur Festzeit. Ausruhen in der Fürsorge Gottes. Das brauchen wir. Das tut uns gut. Dass wir innerlich im »Gott sieht mich« baden! Er kennt ja unsere Bedürfnisse. Und er sorgt für uns. Versprochen!

WELLNESSOASE

Nimm ein Bad in der Liebe Gottes. Zieh alle Sorgen und Unzufriedenheit innerlich aus, und meditiere in der warmen Badewanne, unter der Dusche oder im Lieblingssessel: »Ich sorge mich nicht. Du, Vater, sorgst für mich!«

Aktiver Teil eines Größeren sein

Jesus kann noch mehr als Sorgen abnehmen. Er führt uns weit über uns selbst hinaus, wenn wir das zulassen. Denn in Matthäus 6,33 zieht er den Trumpf aus dem Ärmel: »Macht das Reich Gottes zu eurem wichtigsten Anliegen, lebt in Gottes Gerechtigkeit, und er wird euch all das geben, was ihr braucht.«

Jesus kommt nicht mit einer »Bitte nicht kaufen«-Liste daher. Er wird auch nicht moralinsauer mit Äußerungen über Form und

Länge von Kleidung. Stattdessen wechselt er anscheinend das Thema. Wo geht es hin?

Ich ahne seine befreiende Richtung: Wenn wir Teil eines Größeren werden, dann rücken sich unsere Konsum-Fragen um Nahrung und Kleidung zurecht! Die Prioritäten werden klarer. Denn noch mal er: »Sammelt keine Reichtümer hier auf der Erde an, wo Motten oder Rost sie zerfressen oder Diebe einbrechen und sie stehlen können. Sammelt eure Reichtümer im Himmel, wo sie weder von Motten noch von Rost zerfressen werden und vor Dieben sicher sind« (Matthäus 6,19-20).

> Wir sind Teil des Reiches Gottes, wenn wir seine Liebe für andere erfahrbar machen.

Das Größere ist das Reich Gottes! Jesus hat es vorgelebt: zuhören, heilen, wertschätzen, anbeten, lieben, klären, vergeben, trösten, schenken, lehren, raten. Das ist es, worum es in einem erfüllten, sinnvollen Leben geht.

Überall, wo wir das leben, wächst nämlich etwas: Liebe! Unvergängliches! Bleibendes! Es geschieht, wo wir einen Asylanten unterstützen, ein Kind lieben, ein Seminar leiten, für Projekte beten, die Ortspolitik mitgestalten, einem Kranken Zuwendung geben, einen Ermutigungsbrief abschicken, eine Witwe trösten, einen Verzweifelten aufrichten.

Bist du Teil eines Größeren? (Ortsgemeinde, Missionswerk, Partei, Schule, Sportverein, Tafel, Initiative ...)
Hat sich dein Umgang mit »den Dingen« dadurch bereits geändert?

Vielleicht tun wir etwas »einfach so«, vielleicht beauftragt durch eine Ortsgemeinde oder andere Einrichtung. Ganz egal. Wir sind

Teil des Reiches Gottes, wenn wir seine Liebe für andere erfahrbar machen. Mit der Entscheidung, uns in dieser Welt einzubringen, heilen wir innerlich weiter aus.

Ja, Jesus lehrt uns, unsere Prioritäten weise zu setzen. Es geht um Unvergängliches. Da kann Gekauftes nicht mithalten. Jesus lädt zu einem befreiten Denken und zu starken Erfahrungen ein. Menschen haben sich durch Jahrtausende hindurch davon prägen lassen. Skeptisch? Beschäftige dich gern mit dem Leben von Menschen, die diesen Weg gegangen sind.

AUGENÖFFNER

Beobachte Zeitgenossen, lies Biografien oder schau Filme, die solche Menschen porträtieren. Sie alle waren Teil eines Größeren. Hatte ihre Lebensberufung Auswirkung auf ihren persönlichen Lebensstil (Umgang mit Sorgen, Kaufverhalten, Ausstrahlung, Zufriedenheit) und auf die Gesellschaft, in der sie lebten?
Eine Auswahl:
- »Harriet«; Film über die berühmte Freiheitskämpferin Harriet Tubman[20]
- »Die stille Revolution«, Dokumentarfilm von 2018, der sich u. a. mit der Frage beschäftigt: Wie gelingt der Wandel von der Ressourcenausnutzung hin zur Potenzialentfaltung?[21]
- Friedrich Wilhelm Raiffeisen, Einsatz für die Nöte von Schwächeren[22]
- Waisenvater Georg Müller, Einsatz für Waisen[23]

- Elisabeth von Thüringen, begeistert für die Armutsbewegung[24]
- Kagawa Toyohiko, christlicher japanischer Reformer, fühlte sich berufen, Armen zu helfen und mit ihnen zu leben.[25]

Vielleicht bist du momentan ja gar nicht skeptisch, ob man wirklich anders leben kann. Vielleicht bist du bereits angespornt!? Du brennst für dein »Größeres«? So manches andere ist dir unwichtig? Wie schön! Feier deine von Gott geschenkten Gaben. Genieße deine Sorglosigkeit. Freu dich daran, dass du Teil von etwas Ewigem bist. So wirst du deutlich freier gegenüber aller Konsum-Dauerberieselung sein.

Ich kenne Menschen, die ihre Freizeit größtenteils vor dem Fernseher oder auf der Shopping-Meile zubringen. Sie kommen möglicherweise über die Sorgen um Nahrung und die Faszination von Kleidung nicht hinaus. Aber wenn wir möchten, können wir unseren Blick weiten lassen!

Natürlich heißt das nicht, von nun an nur noch tolle Prinzipien zu haben und demzufolge leider als graue Maus durchs Leben zu gehen und sich nichts mehr zu gönnen. Selbstverständlich braucht frau etwas zum Anziehen für »das Fest«. Aber der Einsatz für Größeres hilft dabei, die eigenen Prioritäten zu ordnen und weniger auf Äußeres fixiert zu sein.

Sorglosigkeit – (m)ein Coronageschenk

Die Coronakrise hat viele Menschen auch in Konsumfragen herausgefordert: Manche spürten zum ersten Mal im Leben, dass nicht

»alles« jederzeit zum Kaufen zur Verfügung stand. Andere sparten fleißig vor sich hin. Manche verdienten weniger, konnten sich folglich weniger gönnen. Oder sie durchlebten sogar kleine oder größere Existenzängste.

Ich selbst wusste von Anfang an: Ich werde auf viele Honorare verzichten müssen. Früher hätte mich das aus der Bahn geworfen, mich sorgenvoll und unruhig gemacht, mich zum ständigen Kontrollieren meines Kontostandes verleitet. Diesmal war ich frei, mich anders zu verhalten. Wie schön! Ein Zeichen dafür, dass ich in den letzten Jahren meinen Heilungsweg von innen nach außen weitergegangen bin.

Was habe ich also im ersten Coronajahr gemacht? Ich habe Jesus von Anfang an mein Vertrauen ausgesprochen: »Jesus, du bist Herr auch über diese Situation. Du weißt, dass meine Veranstaltungen jetzt wegbrechen werden. Ich vertraue dir, dass du für meine Bedürfnisse sorgst.«

»Jesus, du bist Herr auch über diese Situation.«

Und dann habe ich einfach weitergelebt und bin Teil eines größeren Ganzen geblieben. Nach einigen Monaten blickte ich zurück: Obwohl ich weniger Honorare hatte und damit ein finanzieller Baustein ausblieb, hat es uns an nichts gefehlt! Wow! Eine Frau hat mich beispielsweise an einer Stelle unterstützt, weil Gott ihr das deutlich gemacht hatte. Ich konnte über Monate Äpfel von einer Streuobstwiese aufsammeln und damit viel Geld sparen. Wir bekamen als Paar eine unerwartete finanzielle Zuwendung.

Und das Wichtigste: Ich habe mir fast keine Sorgen gemacht, sondern meine Energien in anderes gesteckt. Klar, der Traum von einer neuen Küche lag weiterhin auf Eis. Aber wirklich gefehlt hat mir nichts. Ich hatte Nahrung und Kleidung. Was für eine stärkende Erfahrung!

Jesus macht also wirklich wahr, was er verspricht: Ich bin ihm etwas wert. Er sieht mich, sorgt für mich. Das macht mich dankbar, fröhlich, gelassen, sorglos und zufrieden. So ein Leben ist schön! Hoppla! Gilt das wirklich allen? Gibt es da nicht die Menschen, denen es an Nahrung und Kleidung fehlt?

Unser Konsum und »die anderen«

Irgendwann war es so weit: Ich hatte eine Sperre im Kopf und konnte nicht mehr so einfach die Angebotsschokolade (ohne fair gehandelten Kakao) für 49 Cent in meinen Einkaufswagen legen. Was war geschehen?

> Ich bin ihm etwas wert. Er sieht mich, sorgt für mich.

Die Tatsache, dass es fairen und »unfair« gehandelten Kakao gibt, war mir schon länger bekannt. Aber irgendwann berührte mich dieses Wissen auf einer tiefen Ebene. Die simple Erkenntnis schmerzte mich plötzlich: Wenn ich hier Geld beim »unfairen« Schnäppchen einspare, müssen andere darunter leiden. Aua.

Bisher ging es in diesem Kapitel hauptsächlich um uns persönlich. Der Weg von innen nach außen kann uns aber noch weiter führen, nämlich über uns selbst hinaus. Unser Konsum hat nicht nur mit uns und unserem Verhältnis zu Gott zu tun, sondern auch mit dieser Welt. Wir werden nämlich nicht nur darin verführt, welche Bedürfnisse in uns geweckt werden und welche Erfüllung uns vorgegaukelt wird. Es geht um mehr. Wir sind auch dazu verführt worden, dass wir dachten: Wir können uns alles Mögliche leisten – wir schaden ja keinem.

In den letzten Jahren aber sind viele Stimmen lauter geworden, die Missstände aufzeigen. Traurige Beispiele gefällig?

Für unsere Shopping-Trophäen müssen Menschen in anderen Ländern oft ohne angemessenen Lohn arbeiten. Häufig sogar Kinder. Für unsere Handys müssen Menschen Rohmaterialien unter gesundheitsbelastenden Bedingungen liefern. Für unser Billigfleisch werden Tiere unwürdig gehalten. Um unsere Ansprüche an ein reichhaltiges Nahrungsangebot zu erfüllen, werden sehr lange, umweltbelastende Transportwege gebraucht. Unter unserem Plastikmüll drohen die Meere zu vermüllen und müssen die Tiere leiden.

»Geht so mit anderen um, wie die anderen mit euch umgehen sollen« (Matthäus 7,12).

Die Liste ließe sich endlos fortsetzen. Unbequem zu lesen, oder? Genauso hat der ehemalige amerikanische Präsidentschaftskandidat Al Gore seinen Film genannt: »Eine unbequeme Wahrheit«[26]. In dem Film ging es bereits 2006 um die globale Erderwärmung und ihre Folgen.

Diese Erkenntnisse dringen langsam immer mehr in unser Bewusstsein, wenn wir sie denn zulassen. Unverpackt-Läden[27], alternative Zeitschriften wie *greenLIFESTYLE*[28] oder *Anders leben*[29], die Friday-for-Future-Bewegung, säkulare[30] und christliche Bücher[31], nachhaltige Modelabel u. v. a. setzen neue Akzente. Sie regen an, fordern heraus. Sie machen unruhig.

Denn jeder ist persönlich gefragt, ob diese unangenehmen Wahrheiten an ihn herandürfen. Es wird also um mehr gehen als um die eine oder andere Spende für Menschen, denen es deutlich schlechter geht als uns selbst? Ja, um mehr! Die Quintessenz ist: Unser Konsum hat mit dieser Welt zu tun. Das sind die Natur, die Tiere und die Menschen! Von Gott geliebte Wesen.

Jesus hat uns bezüglich der Menschen einen Leitsatz anvertraut: »Geht so mit anderen um, wie die anderen mit euch umgehen sollen« (Matthäus 7,12). Und bezüglich der Natur und der Tiere haben wir die Verantwortung, »zu bebauen und zu bewahren« (siehe 1. Mose 2,15).

Das fordert heraus! Denn auf Konsum bezogen bedeutet es: Verantworte deinen persönlichen Weg beim Einkaufen. Es darf dir gut gehen. Aber es darf auch anderen gut gehen. Infos über unsere ungerechte Welt überlesen, überhören, verdrängen ist keine Lösung. Stattdessen können wir im Konsumalltag ganz praktische Zeichen setzen.

Es darf dir gut gehen. Aber es darf auch anderen gut gehen.

Hat sich dein Kaufverhalten in den letzten Jahren bereits zugunsten »der anderen« verändert?

Nachahmung
Gibt es Vorbilder in deinem Umfeld, von denen du dir Ideen für guten Umgang mit Konsum »abkupfern« kannst?

Nur noch kurz die Welt retten?

Nein, wir können die Welt nicht retten. Christinnen glauben daran, dass diese Aufgabe bereits erledigt ist. Jesus Christus hat sie übernommen. Auf seine einmalige Art und Weise hat er »alles« gerettet, auch wenn das bisher nur bruchstückhaft zu sehen ist.

Jesus selbst spricht drastisch davon, dass unsere Erde Schaden nehmen wird und wir Zeichen von Zerfall beobachten können (siehe Matthäus 24). Genauso realistisch spricht die Bibel aber auch von globaler Zukunftshoffnung: »Wir aber erwarten den neuen Himmel und die neue Erde, die er [gemeint ist Gott] versprochen hat. Dort wird Gottes Gerechtigkeit herrschen« (2. Petrus 3,13). Die umfassende Rettung hat an Ostern ihren Anfang genommen, aber sie wird sich erst in Zukunft voll entfalten: kraftvoll, umfassend, stark, siegreich. Es wird eine Neuschöpfung sein, die uns vor Staunen den Atem nehmen wird (siehe Offenbarung 22). Warum ist diese Hoffnung wichtig?

»Wenn ich mit der Erwartung lebe, dass das Ende des menschlichen Lebens auf diesem Planeten, das Artensterben und der Klimawandel ohnehin nicht mehr zu ändern sind, dann werde ich rücksichtslos auf die Gegenwart fokussiert oder auf die wenige Zeit, die mir noch bleibt. Hoffende Menschen sind nicht nur von der vergangenen oder gegenwärtigen Realität geprägt, sondern sie sind bewegt von den Möglichkeiten, die sich gegenwärtig und zukünftig zeigen. […] Hoffnung strahlt wie ein Glanz […]« (Heinrich C. Rust). [32]

Bis dahin leben wir also noch auf dieser Welt. Da heißt es: Verantwortung zu entwickeln für uns, unsere Kinder und Enkel. Verantwortung für diese Welt. Das wird etwas kosten, nämlich Zeit und Geld.

Finanziell ist es ein regelrechtes Umlernen: Überall das Günstigste mitzunehmen, schont zwar unseren Geldbeutel, diese Welt aber schont es nicht.

Und Zeit kostet es auch. Ich gebe zu: Ein verantwortliches Leben wurde uns bisher noch nicht leicht gemacht. Wer möchte für seinen Einkauf vier statt zwei Stunden investieren, um jedes klein gedruckte Etikett im T-Shirt zu entziffern, damit frau ein faires Label findet? Wer möchte jede Aufschrift auf der Apfelpackung lesen, um sich zu vergewissern, dass die Äpfel nicht vom Ende der Welt herbeigeflogen wurden? Oder jedes Kosmetikprodukt auf

Mikroplastik hin scannen? Anstrengend! Zeitaufwendig! Kostenintensiv!

Ja, das ist es. Aber dennoch der Weg in die richtige Richtung. Sich gut informieren, verantwortlich entscheiden und die Freude am Leben behalten, darum geht's. (Zur Freude am Leben kommen wir noch ausführlicher in Teil 2 dieses Buches.) Ich möchte von meiner persönlichen Lösung erzählen.

Mein Weg

Vor über fünfundzwanzig Jahren haben wir als Paar zum ersten Mal bewusst auf etwas verzichtet. Er war der Startpunkt für mehr Verantwortung in Sachen Konsum. Was war geschehen?

Wir beschlossen, von nun an weitgehend fleischfrei zu essen, um dadurch Verantwortung zu übernehmen. Wir wissen um den großen CO_2-Ausstoß, den tierreiche Nahrung produziert. Wir haben uns also gefragt, wie wir unseren Beitrag für eine gerechtere Welt leisten könnten. So haben wir mit dem Fleischverzicht einfach angefangen.

Ganz so einfach war es natürlich nicht. Denn wir brauchten neue Rezepte, Zeit zum Ausprobieren, andere Gewürze, Gespräche mit Verwandten. Letztere sollten verstehen, dass man für uns nun keine Koteletts mehr servieren muss.

> Soll das etwa so weitergehen? Muss ich auf immer mehr Dinge verzichten?

Irgendwann lief es ganz gut. Wenn sich da nicht plötzlich eine Angst in mir breitgemacht hätte. Sie hatte Fragen und Ausreden im Gepäck: Wie jetzt? Soll das etwa so weitergehen? Muss ich auf immer mehr Dinge verzichten, nicht nur auf Fleisch? Meinen Lebensstil ändern, damit er verantwortlicher ist? Etwa auf Angebotskaffee verzichten und immer teuren Kaffee kaufen? Vielleicht noch viel mehr ändern? Hilfe, ich will das nicht! Es ist doch sowieso nur ein Tropfen auf den heißen Stein. Da müssen doch erst mal die Politiker und die Industrie ihre Hausaufgaben machen ...

Kennst du auch die Angst vor einem Verzicht, weil es die Bequemlichkeit oder den Geldbeutel einschränken würde? Nimm dir Zeit für deine Ängste.

Ich war also damals (noch) nicht zu weiteren Schritten bereit. Aber ich wurde nach und nach bereitwilliger. Und hier ist nun *meine persönliche Weltveränderungs-Challenge*:

»Ich gehe meinen nächsten Schritt, wenn ich innerlich bereit bin. Aber ich gehe voran. Schritt für Schritt.«

Immer, wenn ich so weit war, habe ich mich der nächsten Herausforderung gestellt. Freiwillig. Fröhlich. Sorglos. Entspannt. In meiner Fantasie hängt in unserem Zuhause eine Liste an der Wand. Darauf sind Entscheidungen notiert, die ich bereits getroffen habe. Hier einige Beispiele:[33]

Probierzone: Anregungen für einen faireren, nachhaltigeren Lebensstil

- Kaffee nur noch fair kaufen (faire Löhne für Kaffeebauern ermöglichen)
- viele Autofahrten vor Ort durch Fahrradfahrten ersetzen (CO_2-Ausstoß reduzieren)
- völlig auf Fleisch verzichten oder aber weniger davon essen und dafür Bio-Fleisch kaufen (CO_2-Ausstoß reduzieren)

- Plastiktüten verabschieden, Leinenbeutel benutzen (Plastikmüll reduzieren)
- tierische Lebensmittel reduzieren (CO_2-Ausstoß reduzieren)
- Dienstreisen hauptsächlich mit der Bahn planen (CO_2-Ausstoß reduzieren)
- Tetra Paks durch Mehrweg-Glasflaschen ersetzen (Mehrweg-Glas ist besser wiederverwertbar)
- wenig Kleidung kaufen; gut kombinierbar; hochwertig, damit länger haltbar; mittlerweile auch mal ein nachhaltig produziertes Stück erwerben, wenn möglich in Europa produziert (kontrolliertere Arbeitsbedingungen unterstützen)
- Gemüse und Obst regional und saisonal einkaufen (CO_2-Ausstoß einsparen)
- regelmäßig ausmisten und weitergeben via Secondhandläden, Kirchengruppen, Kleinanzeigen (Material durch Teilen mehrfach nutzen)
- Duschzeug durch Seife ersetzen (Plastikverpackungen einsparen)
- ...

Probierzone 2: Hier weitere Anregungen, die frau ausprobieren kann

- beim Handykauf einige Neuerscheinungen bewusst auslassen (Rohmaterial einsparen)
- technische Geräte gebraucht kaufen (Material einsparen)
-
- Kosmetik und Pflegeprodukte auf ihre Inhaltsstoffe hin scannen (Mikroplastik meiden)

- Reinigungsmittel selbst herstellen (Umweltbelastung reduzieren)
- per Rad (plus Fahrradanhänger/Satteltaschen) oder zu Fuß einkaufen (CO_2-Ausstoß einsparen)
- Öko-Strom beziehen (CO_2 sparen)
- in Unverpackt-Läden einkaufen (noch mehr Plastik sparen)
- Geräte mit Nachbarn teilen (Material einsparen)
- energiesparendes Auto kaufen (CO_2 sparen)
- energiesparende Neugeräte wie Kühlschrank oder Spülmaschine kaufen (Stromverbrauch reduzieren)
- Dämmung des eigenen Hauses aufrüsten (Energie sparen)
- sich politisch für gerechteren Konsum einsetzen (über den persönlichen Beitrag hinaus Verantwortung übernehmen, weil Politik und Konzerne durch ihre Entscheidungen mehr Einfluss nehmen können als Einzelne)
- und vieles, vieles mehr ...[34]

 Welcher Alltagstipp lacht dich an?

Ich bin keine Vorzeige-Frau in Sachen Nachhaltigkeit. Wirklich nicht! Da gibt es andere, die mich längst überholt haben. Meine Kinder sind teilweise viel weiter als ich. Aber ich teile hier meine Gedanken, um Druck rauszunehmen:

Wir können weder die Welt retten noch haben wir vielleicht das Geld, um unseren gesamten Konsum radikal zu verändern. Aber: Wir können viele kleine Entscheidungen treffen, um damit unseren persönlichen Unterschied zu machen. Dabei brauchen wir nicht übermäßig zu leiden, uns unvorteilhaft zu kleiden oder uns mit der Verantwortung zu übernehmen. Vielmehr können wir unseren ganz eigenen Weg nehmen. Ich habe bereits einen langen hinter mir. Und noch eine Strecke vor mir.

Wir haben Freunde, die ihr Konsumverhalten in Form einer Radikalkur in wenigen Monaten verändert haben. Also anders als wir Wendels.

Egal, welche Zeit man sich für neue Konsumentscheidungen nimmt, wichtig ist, dass man innerlich bewegt ist: Das ist mein Beitrag, den ich für diese Welt leisten möchte! Hier gebe ich bewusst mehr Geld für Lebensmittel, Kleidung, Mobilität, Haussanierung, Kosmetik o. a. aus, weil ich gerechter und fairer leben möchte.

Der weise Kompromiss

Vielleicht brennt dir jetzt etwas unter den Nägeln: »Ich würde ja gern einiges ändern, aber ich kann doch nicht. Nicht mit meinem Ehemann oder meiner WG-Bewohnerin oder unserem Teenie. Die könnte ich nie im Leben dafür gewinnen, auszumisten oder weniger zu konsumieren.«

Ja, es kann passieren, dass nicht alle Mitglieder eines Hausstandes gleich ticken. Das kenne ich sehr wohl. Auch ich bin mit einem »Jäger und Sammler« verheiratet. Und natürlich habe ich nicht das Recht, über seine Bücher-, Jazz-CD- und Krawattensammlungen zu bestimmen.

Wir haben uns wie folgt geeinigt: Es gibt bestimmte Lebensbereiche, da sind wir auf einer Wellenlänge (Beispiel: Autofahrten einsparen, sooft es geht). Dann gibt es Lebensbereiche, wo der andere nicht reinreden sollte (Beispiel: Ulis CD-Sammlung). Und es gibt jährlich Ausmistnachmittage, an denen gemeinsamer Hausrat ausgemistet, verkauft, verschenkt wird. So bewahren wir uns vor allzu vielen Reibungspunkten in unserer Ehe und kommen trotzdem voran.

»Befreit« ist das Schlüsselwort

Viele von uns haben eine belastete Vergangenheit, die uns den Umgang mit unserem Körper und unseren Konsumentscheidungen erschwert. Da kann manches schmerzen. Es tut gut, den eigenen Spiegelblick zu wagen. Wir können der Einladung von Jesus folgen, uns innerlich ausheilen zu lassen. Unglaublich freisetzende Erfahrungen sind möglich. Lockt dich das?

Außerdem erleben wir es immer wieder: In unserem Alltag werden wir in Sachen Konsum berieselt, beeinflusst, überfrachtet. Und das kann prägen. So heil und frei, wie wir als Konsumentinnen zu sein hoffen, sind wir wahrscheinlich gar nicht.

Aber wir können jederzeit neue Kauf- bzw. Verzichtsentscheidungen treffen. Es kostet zwar Mut, hier gegenzusteuern, kann aber auch richtig Spaß machen! Wir spüren: Das können wir verantworten. Das fühlt sich gut an. Lockt dich das auch? Dann gönn dir deine nächsten Schritte. Freu dich auf ein geheilteres, befreiteres, unabhängigeres Leben. Werde ein Original statt eine Shoppingqueen.

> Wir können jederzeit neue Kauf- bzw. Verzichtsentscheidungen treffen.

3. BESCHWERT UND BELASTET

Brief für Heinz

Mein Bester hat einen Brief geschrieben! Das kommt nicht alle Tage vor. Er ist an Heinz gerichtet, der immer gesund war und plötzlich schwer krank ist. Krebs. Wir wussten seit einigen Tagen um die Diagnose. Uli hat viele Jahre Seite an Seite mit ihm zusammengearbeitet. Außerdem ist er früher von ihm geistlich und gesundheitlich unterstützt worden. Nun ist es an uns, ihn zu begleiten, so gut das noch geht.

> Wenn du jetzt Ja sagst, dann wirst du unzufrieden.

Uli legt mir also den Brief zum Lesen hin, so hatten wir es vereinbart. Und sofort geht mein Gedankenkarussell los: Leg dein Buch weg, setz dich hin und schreib auch ein paar Zeilen!

Tatkräftig, wie ich bin, will ich sofort loslegen. Augenblick mal! Da höre ich die andere, leise Stimme in mir: Du hast Urlaub, Kerstin! Du hast ihm bereits eine SMS geschickt und dir für morgen zwei Postkarten vorgenommen, die wegen Geburtstagen dran sind. Wenn du jetzt Ja sagst, dann wirst du unzufrieden und verschenkst die gerade einsetzende Erholung.

Zwei Stimmen in meiner Brust. Und nun? Welcher Stimme sollte ich Gehör schenken?

Von der schönen Urlaubspflicht

Ich blieb sitzen, hielt inne und dann kam er: der rettende Einfall! Uli kann einfach abschicken, dann hat Heinz zeitnah etwas in der Hand. Und ich schreibe einige Zeit später, wenn wieder Alltag dran ist.

Puh! Aufatmen! Sofort spürte ich, wie eine Last von mir abfiel. Fast wäre ich wieder in meine alte »Ich mach es mir schwer«-Mentalität zurückgefallen. Aber gerade noch rechtzeitig war ich umgeschwenkt.

> Für mich ist es ein Lernprozess, mir das Leben leichter zu machen!

Bin ich zu viel mit mir selbst beschäftigt, zu wenig mitfühlend, zu egoistisch? Ich glaube, nein. Viele Menschen haben ihren Platz in meinem Leben. Aber für mich ist es ein Lernprozess, mir das Leben dennoch leichter zu machen! Seit zwanzig Jahren übe ich mich darin.

Das klingt ganz schön provokant, oder? Weiß ich denn nicht, was meine Pflicht ist? Doch, das weiß ich leider viel zu gut. Deshalb ist für mich seit Jahren auch das andere dran: neben der Pflicht auch die Kür leben! Mir Pausen gönnen, Pflichten zurückstellen, Genuss ermöglichen!

> Jetzt besteht meine »Pflicht« darin, fünf gerade sein zu lassen.

Jetzt habe ich Urlaub. Kostbare, ruhige Tage! Wenn ich die antaste, werde ich den Preis dafür zahlen. Unzufrieden, frustriert und nicht ausreichend erholt würde ich dann wieder in den Alltag starten. Das darf nicht sein.

Jetzt besteht meine »Pflicht« darin, fünf gerade sein zu lassen. Schneespaziergänge zum Auftanken, Bücher und Filme zum Abschalten, Sex und Mahlzeiten zum Genießen, Beten, um loszulassen – das ist mein Programm, um mich tags zu erholen und nachts gut schlafen zu können.

So einfach. So schwer. Jedenfalls manchmal für mich. Was für manch andere das Einfachste von der Welt ist, bedarf in meinem Leben Aufmerksamkeit.

 Wie fühlt sich dein letzter freier Tag oder Urlaub rückblickend an? Bist du zufrieden?

Weichspüler und Schwermacher im Leben

Es gibt Frauen (und Männer) in meiner Umgebung, die zu den Beschwerten gehören. Kennst du sie auch? Sie stürmen mit offener Jacke auf die Straße. Anscheinend fehlte wieder die Zeit, sie noch rasch zu schließen.

Manche sprechen ihre Sätze nicht zu Ende. Andere erzählen von nächtlichen Arbeitszeiten, in denen noch dies und das und jenes zu tun war. Sie stöhnen und seufzen, ziehen die Stirn kraus und vermitteln uns: »Mensch, ist das Leben anstrengend und schwer!« Das ist ihr Grundlebensgefühl. Die Schwere und Last klebt an ihrem Leben.

Wieder anderen ist fast nichts anzusehen. Aber es ist zu fühlen. In ihrer Nähe legt sich plötzlich ein Grauschleier auf alles. Der drückt, verdunkelt, verstimmt, beschwert. Ihre Wirkung auf andere ist ähnlich durchdringend wie die des Weichspülers *Summer Time*. Eine kleine Dosierkappe genügt, und im Nu ist die gesamte Wäsche mit Kornblumenfeeling versetzt. Ach, wie herrlich das duftet! Wunderbar!

Das Leben der Beschwerten ist auch durchzogen, aber selten von der Leichtigkeit eines beginnenden Sommertages.

Unter der Lupe

Lass die Menschen deines Lebenskreises an dir vorüberziehen. Gibt es dort auch die Beschwerten? Wie fühlst du dich in ihrer Nähe?

Die Beschwerten! Was ist denn so drin in den Dosierkappen ihres Lebens? Es können Pflichten, Ansprüche, Perfektionismus, Helfersyndrom, Rollenvorstellungen, Lebenseinstellungen und vielleicht sogar innere Bindungen sein. Puh! Und damit kann unser ganzes Leben durchtränkt sein?

Ja, genauso kann es sein. Ich weiß es deshalb so gut, weil ich selbst so eine Durchtränkte war. Bis ich aufgerüttelt wurde …

Aufgerüttelt durch andere

Rückblende: Meine Kids waren noch klein. Meine Tochter hatte einen leichten Infekt und unser Jüngster mal wieder heftige Ohrenschmerzen. Eine durchwachte Nacht lag hinter mir. Um zehn Uhr sollte ich mit meinem Sohn beim Arzt erscheinen. Auf geht's, Tasche packen!

Aber was ist das? Nun bekommt er auch noch Nasenbluten! Es strömt nur so. Bettwäsche, Teppich, Fußboden im Badezimmer – alles rot. Am liebsten hätte ich mich in das ganze Chaos hineingesetzt und einfach nur geheult. Das Leben ist ungerecht zu mir! Selbstmitleid kroch in mein Herz: Andere Mütter sitzen jetzt in irgendeiner Krabbelgruppe, nippen am Cappuccino und lassen es sich gut gehen. Und ich? Ich bin doch irgendwie gestraft mit diesem Tag!

> Das Leben ist ungerecht zu mir!

In meinem Frust rief ich meine ältere Freundin Hanne an. Meine gute Fee vor Ort. Während ich hektisch die Sachen für Nils zusammenklaubte, kam sie ruhig die Treppe hoch und erkundigte sich, was der Stand der Dinge sei. Sie beklagte nichts. Machte sich stattdessen in großer Gelassenheit an die Arbeit, zog Betten ab und beseitigte die unschönen Spuren.

Im ersten Moment ärgerte mich das: Ja, wie kann man denn in diesem Tohuwabohu so unbeschwert bleiben? Nun muss man wissen, Hanne war früher Krankenschwester, sie ist also Derartiges gewöhnt. Aber in den Jahren unserer Freundschaft merkte ich, dass es nicht allein die Routine war, die ihr zur Leichtigkeit verhalf. Es war ihre Lebenseinstellung. Die war irgendwie anders als meine.

Folglich lauteten meine Fragen damals: Warum fühlt sich manches so schwer für mich an? Warum schaffen es die äußeren Umstände, mich so schnell aus dem Gleichgewicht zu bringen? Womit ist mein Inneres gefüllt? Vielleicht kann ich an dieses Innere herankommen. Dann werde ich meine Killer entdecken und sie entlarven. Das war meine große Hoffnung.

Damals habe ich mich also auf eine lange Reise in mein Inneres begeben. Dabei habe ich mich unterstützen lassen – zum einen von guten Vorbildern wie Hanne, zum andern von einer christlichen Psychotherapeutin und nicht zuletzt von Jesus.

Auf Lastensuche

Die Dosierkappen! Oben habe ich es schon ein wenig angedeutet, welche beschwerenden »Füllungen« sich manche Menschen in ihrem Leben geben. Einiges hat sich vielleicht sogar unbewusst hineingeschlichen.

Mhm. Vielleicht grummelt es jetzt ein wenig in deiner Magengegend. Es könnte unangenehm werden, weiterzulesen? Ja, im ersten Moment kann das schmerzen. Denn es wird jetzt persönlich. Es geht nicht hauptsächlich um die anderen Belasteten, sondern um dich und mich.

> Was beschwert dich eigentlich? Wage eine spontane Antwort: . . . .
> . . . .

Ich glaube, es ist wichtig, die eigenen Schwermacher zu finden und zu entlarven. Denn wenn wir da erfolgreich waren, können wir uns anschließend eine andere Dosierkappe gönnen: die *Leichtmacher*-Füllung des Lebens.

Wie kann ich es mir leichter machen? Das ist die herausfordernde und verlockende Frage, auf die wir gleich noch kommen wollen. Es ist die Alltags-Challenge, in der ich mich schon länger übe.

> Es ist wichtig, die eigenen Schwermacher zu finden und zu entlarven.

Zunächst aber wagen wir den Tiefenblick auf die sieben Schwermacher. Wir beginnen mit einem Männerbeispiel, dann ist der Start vielleicht nicht ganz so schwer für uns.

Die Pflicht

Paradebeispiel für überhöhtes Pflichtbewusstsein ist für mich Jens Ole Jepsen. Er ist der Vater der Hauptfigur Siggi aus Siegfried Lenz' Roman »Deutschstunde«. Jepsen ist als Polizist in der nördlichsten

Dienststelle Deutschlands, in dem fiktiven Ort Rugbüll, positioniert. Er geht seinen Pflichten rückhaltlos und leidenschaftlich nach.

Dagegen ist eigentlich nichts einzuwenden, solange es nicht ein normales Maß übersteigt. Genau da aber liegt Jepsens Problem. Aus übertriebenem Pflichtbewusstsein zögert er nicht, knallhart gegen seinen Jugendfreund, den Maler Max Ludwig Nansen, vorzugehen. Gegen Kriegsende überwacht er gefühllos und hart die Einhaltung des Verbots künstlerischer Betätigung. Völlig ohne Nachsicht selbst gegen seinen langjährigen Kameraden.

Auch ich kannte übertriebenes Pflichtgefühl.

Das Lebensgesetz »Pflicht« wird für ihn so groß, dass andere Werte wie Freundschaft erdrückt werden. Der Roman zeigt, wie sein eigenes Leben davon belastet ist und die Beziehungen zu Frau und Kindern gravierenden Schaden erleiden. Sein Sohn Siggi wird letztlich krank durch das, was er als Kind gespürt und miterlebt hat.

Auch ich kannte übertriebenes Pflichtgefühl. Als Familienmutter täglich frisch kochen, direkt bis zum Urlaubsstart arbeiten, jede berufliche Anfrage annehmen, Wäsche waschen trotz Krankheit, jeden Brief beantworten – das muss doch alles sein, oder etwa nicht?

Erst in der Lebensmitte konnte ich dies alles hinterfragen. Ich lernte zu unterscheiden: Welche Pflichten sind notwendig? Wo und wann darf ich getrost fünf gerade sein lassen?

Die Ansprüche[35]

Meine Freundin Erika hat Geburtstag. Mitten in der Coronakrise. Eigentlich geht gar nichts, weil die Kontakte erheblich eingeschränkt sind. Dann kommt ihr aber die zündende Idee: Spaziergang zusammen mit drei Freundinnen, anschließend Suppenpicknick auf der Terrasse. Das müsste doch gehen?

Es wird ein grandioser Nachmittag. Das Wetter ist absolut gräulich. Aber wir vier Frauen sind so überglücklich über dieses Highlight im Corona-Alltag! Endlich ein wenig Gemeinschaft. Und dann diese köstliche Kürbissuppe, serviert auf der Terrasse! Dazu einen wärmenden Becher mit Tee.

Erika erklärt lachend: »Ich habe noch nicht mal frisch gekocht, sondern einfach in die Truhe gegriffen!« Für uns vier ist dieser Nachmittag eine gute Lektion in Sachen Leichtigkeit: Wie viel Tamtam machen wir Frauen manchmal, wenn es um unsere Feiern geht!?

Entweder haben wir Ansprüche an uns selbst oder empfinden sie von anderen an uns gestellt. Dementsprechend wird gerödelt: gekauft, gebacken und gekocht und selbstverständlich noch vorher geputzt und dekoriert. Mit dem Erfolg, dass manche von uns ihr eigenes Fest nicht mehr richtig genießen kann.

> Die Pandemie hat uns gelehrt, unsere Ansprüche gelassen herunterzufahren.

Die Pandemie hat uns gelehrt, unsere Ansprüche gelassen herunterzufahren. So wurde eine schlichte Kürbissuppe zum Party-Hochgenuss. Und den »Putzen für Gäste«-Marathon? Selbst den konnte sich Erika sparen. Wir waren ja draußen.

Zu hohe Ansprüche können sich in viele Lebensbereiche hineinschleichen – beruflich, ehrenamtlich und privat. Ich selbst muss auch hier immer wieder nachbessern und loslassen.

Ähnlich gelagert ist der nächste Schwermacher:

Der Perfektionismus

Ich bin mehrere Jahrzehnte chronisch schwer krank gewesen. Deshalb musste ich recht früh im Leben lernen, dass wir uns als Paar in Haus und Garten unterstützen lassen sollten.

Nun sind die Menschen ja sehr unterschiedlich gestrickt, auch in Sachen Ordnung und Sauberkeit. Abhängig von unserer individuellen persönlichen Prägung und nicht zuletzt auch von der Lebensphase, in der wir gerade stecken, hat jede einen anderen Level, an dem sie zufrieden sagt: »Das reicht!«

Ich weiß jedenfalls noch, wie ich nach dem ersten Einsatz fremder Hilfe gedacht habe: »Das ist jetzt aber nicht so gründlich geputzt, wie ich es gern hätte! Wenn ich das selbst gemacht hätte, würde es besser aussehen.« Was ohne Weiteres stimmte!

Tja, und nun? Ich hatte zwei Optionen: meine Unzufriedenheit pflegen, mich darüber auch noch bei anderen beklagen und eventuell doch noch den Putzlappen schwingen, um hinterherzuwischen. Oder es gut sein zu lassen. Leben zu lernen mit dem, was ich selbst als unperfekt empfand.

Anfangs war das ein Unding. Ich konnte den Fleck, den unsere Perle einfach nicht entfernt hatte, doch jeden Tag deutlich sehen. Mensch Meier. So was sieht man doch!

Jahre später war ich so weit, dass ich solche Flecken loslassen konnte. Nicht hinterherdenken, nicht hinterherwischen, sondern wertschätzen. Ich akzeptierte die gebrachte Leistung und wandte mich stattdessen meinen eigenen Aufgaben zu. Heute erinnert mich ein Magnet am Kühlschrank an gesunden Umgang mit perfektionistischem Streben: »Egal. Ich lass das jetzt so!«

> Leben zu lernen mit dem, was ich selbst als unperfekt empfand.

Das Helfersyndrom[36]

Dazu ein Beispiel aus meinem Bekanntenkreis: Anni hat eine mehrköpfige Familie, ist außerdem beruflich und ehrenamtlich eingebunden. Dennoch kümmert sie sich auch noch um andere Menschen: Vor allem Behinderte und Eingeschränkte ziehen sie fast magisch an. Anni beschränkt sich aber nicht auf Besuche, sondern lässt sich mehr Verantwortung aufbürden. Beispielsweise, indem sie eine Betreuungsverfügung unterschreibt.

Im Coronajahr 2020 kommt sie absolut an ihre Grenzen. Der eigene Vater braucht mehr Unterstützung, eine der Töchter ebenfalls aufgrund von Homeschooling, und eine zu betreuende Person wird Pflegefall. Anschließend stirbt diese Frau.

Anni weiß vor lauter To-dos nicht mehr, wo ihr der Kopf steht. Und mitten hinein in dieses Aufgabenkarussell kommt die Erkenntnis: Ich hatte für meine anderen Kinder viel mehr Zeit als für das jüngste! Das tut weh! Denn sie sieht, wie die Tage und Monate dahingleiten. Kostbare Lebenszeit, die man nicht wiederholen kann.

Doch diese Erkenntnis verhilft Anni zu einer inneren Wende: Sie gibt von da an dem Jüngsten die erste Priorität. Natürlich möchte sie sich auch in Zukunft für andere Menschen einsetzen. Aber dennoch: Wie befreiend! Wie gesund! Damit stellt sie sich neu auf, unterbricht ihre übertriebenen Hilfeleistungen und rückt ihr Kind mehr in den Fokus.

Ich denke, es tut gut, unser Engagement für andere ab und an kritisch zu hinterfragen. So verhindern wir, dass positives Helfenwollen zu einem belastenden Schwermacher wird.

Die Rollenvorstellungen

Bis zur Lebensmitte hatte ich hauptsächlich folgendes Frauenbild verinnerlicht: »Die Frau unterstützt die Berufung beziehungsweise den Beruf des Mannes!« Diese Einstellung prägte mein Denken und viele Entscheidungen. Da ich einen Pastor geheiratet hatte (gern und überzeugt!), hatte ich also genug Betätigungsfelder. Gemeinsame Besuche bei Gemeindegliedern, sein Arbeitszimmer in der Gemeinde putzen, im Krankheitsfall die Predigt übernehmen? Na klar! Wenn ich an dem Tag gesund bin, kann ich das machen. Was ist dabei?

Es ist nichts dabei. Natürlich kann frau auch mal sein Arbeitszimmer putzen oder an seiner Stelle predigen. Da fällt ihr kein Zacken aus der Krone.

Trotzdem muss ich heute über mich selbst lachen. Denn eine Frage hatte ich mir damals nie gestellt: Was ist denn eigentlich *meine* Berufung? Diesen Gedanken gab es in der Zuspitzung einfach nicht.

> Was ist denn eigentlich meine Berufung?

In der Lebensmitte bin ich mutig geworden und habe dem Reden Gottes in meinem Leben Raum gegeben. Daraufhin fand ich zeitnah meine persönliche Berufung. Und von da an lautete die Alltagsfrage in unserer Ehe: Wie unterstütze ich deine und wie unterstützt du meine Berufung? Sie entspricht dem biblischen Denken von Gleichwertigkeit.

»Die Bibel liefert keine einheitliche Lehre, doch ihr Grundtenor führt in die Freiheit und Gleichberechtigung. Aus biblischer, aber auch aus theologisch-ethischer Sicht lässt sich unseres Erachtens daher keine prinzipielle Rollenverteilung zwischen Frauen und Männern behaupten. Im Gegenteil, die sogenannte ›Hausfrauenehe‹ ist ein Produkt der vorindustriellen Trennung von Wohn- und Arbeitsort« (Daniela Mailänder)[37]

Mein Frauenbild hatte sich also gewandelt. Mein Ehebild auch. Einseitigeres Geben wurde zu partnerschaftlichem Geben und Nehmen. Seit meiner Metamorphose ist es so, dass auch Uli mich in meiner Berufung unterstützt. Er hilft mir beispielsweise in technischen Fragen, weil er berufsbedingt bereits mehr Know-how hat als ich, und akzeptiert es von ganzem Herzen, wenn ich am Wochenende »Dienst« habe.

Spurensuche
Welches Frauenbild hat dich geprägt? Lebt Schwere darin? Versuche einmal, deine Prägungen aufzuspüren.

Die Lebenseinstellungen

Noch ein Beispiel, mit dem sich sicher manche von uns identifizieren können: Susanne und ihr Mann investieren sich in Hauskauf samt Renovierung. Unter großem Fleiß leisten sie sehr vieles in Eigenarbeit. Ein Hobby pflegen, kleine Reisen zu Freunden unternehmen? Keine Zeit. Kein Gedanke daran.

Bis ein Bänderriss Sabine plötzlich einige Wochen einschränkt. Auf einmal ist da Zeit und sie spürt ungewohnte Gedanken: Habe ich ein erfülltes Leben? Woher kommt eigentlich dieser überaus große Fleiß, mit dem ich vor mich hin schufte? Meine Eltern haben es mir ähnlich vorgelebt. Fleiß ist ja auch eine gute Tugend. Aber irgendwie fehlt mir etwas.

Sie beschäftigt sich daraufhin mit den Kriegserfahrungen ihrer Eltern und mit eigenen Prägungen. Dadurch gehen ihr einige Lichter auf. Sie möchte sich auch etwas gönnen, was ihr heute schon guttut. Sie gibt sich von da an die Erlaubnis, Neues ins Leben zu integrieren. Dazu gehören zwei komplett freie Abende in der Woche und eine jährliche Wanderung in den Bergen zusammen mit ihrer Freundin.

Es kann sein, dass wir Lebenseinstellungen entwickelt oder übernommen haben, die nicht gerade nach Leichtigkeit und Lebensfreude riechen. Vielleicht hatten wir strebsame Vorbilder. Vielleicht haben wir auch andere Prägungen unbewusst verinnerlicht, weil einige von uns eben auch Kriegsenkelinnen sind.

Anne-Ev Ustorf beschreibt in ihrem Buch »Wir Kinder der Kriegskinder« u. a., wie stark meine Generation (zwischen 1955 und 1975 geboren) von bestimmten Grundsätzen geprägt ist. Dazu gehören Fleiß, Sparsamkeit, Wunsch nach Unauffälligkeit. Sie zeigt auf, dass wir diese Ziele teils ganz unbewusst entwickelt haben. Sie können also u. a. durch die Wunden entstanden sein, die der Zweite Weltkrieg im Leben unserer Eltern geschlagen hat.

> Selbstkorrektur ist gut.

Wie ist das zu verstehen? Ustorf schreibt zum Aspekt »Existenzaufbau«: »Häuser mussten gebaut, Wohnungen gekauft, Autos bezahlt, Familien gegründet und Kühlschränke gefüllt werden – alles Bollwerke gegen die bedrohlichen Verlust- und Mangelerfahrungen aus der Kindheit.«[38] Es ging also um die Sehnsucht, unsere Primärbedürfnisse zu stillen. Das braucht nun mal Fleiß und Einsatz.

Manchmal bemerkt unsere Generation in der Lebensmitte dennoch Unzufriedenheit und hinterfragt eigene Lebenseinstellungen. Diese Selbstkorrektur ist gut. Sie hilft, mehr in eine gesunde Balance zu finden.

Die inneren Bindungen

Mein letzter Schwermacher ist ein besonderer. Über ihn wird selten gesprochen. Vielleicht deshalb, weil er nicht so offenkundig ist wie die anderen?

Hier ein Beispiel: Anette gehört auch zu den Beschwerten. Über ihrem Leben liegt ein Schleier, der alles grau, beschwert und traurig macht. Das spürt sie selbst lange Zeit nicht. Andere aber nehmen es an ihr wahr.

Anette begibt sich irgendwann in Psychotherapie. Dort erkennt sie: Ich habe mich nie innerlich von meinen Eltern gelöst. Zwar bin ich ausgezogen und habe Familie aufgebaut, aber die inneren Bindungen sind erhalten geblieben. Sie empfindet großen Respekt davor, sich nun an diese »Aufgabe« zu begeben. Aber mutig wagt sie Schritte. Was passiert?

Es kommt der Tag, an dem sich der Schleier zum ersten Mal ein klein wenig hebt. Kaum ist sie innerlich etwas selbstständiger geworden, da spürt sie plötzlich eine große Lebensfreude in sich. Anette hat ein Gefühl, das in Kitschromanen gern so beschrieben wird: »Ich könnte vor Freude die ganze Welt umarmen.« Es ist nur ein ganz kurzes Gefühl, dann verblasst es wieder. Doch es schenkt ihr den Vorgeschmack von Freiheit, Freude, Unabhängigkeit, Gewissheit, Glück. Sie spürt: Ich bin auf dem richtigen Weg. Sie ahnt, dass sie noch manches erleben wird, was sie bisher so nicht kannte. Spannend!

In vielen kleinen und großen Schritten wächst sie in die innere Unabhängigkeit von der Herkunftsfamilie hinein. Das war nötig, weil es ein negatives Abhängigkeitsverhältnis war. Parallel wächst noch etwas in ihr heran: das Wunder der inneren Leichtigkeit. Mit jedem Schritt weicht der Schleier ein bisschen mehr. Wie schön das ist! Das Leben fühlt sich innerlich wie umgekrempelt an.

Es kann also innere Bindungen an Menschen geben, die eine Unbeschwertheit in unserem Leben bisher verhindert haben. Das lässt sich nicht allein durch ein gutes Buch, einen Podcast oder eine Frauenfreundschaft »ausbessern«. Das bedarf fachlicher Unterstützung im Rahmen einer Psychotherapie.[39]

Mutprobe

Hast du vielleicht schon manches getan, um in ein unbeschwerteres Leben hineinzuwachsen, und es ist nicht durchgreifend geglückt?
Dann wage ein Beratungsgespräch mit einer erfahrenen Psychotherapeutin. Vielleicht ergeben sich neue Blickwinkel.

Der gemeinsame Nenner

Sieben Schwermacher habe ich vorgestellt. Es gibt sicher noch mehr. Eines ist mir besonders aufgefallen: Sie haben einen gemeinsamen Nenner. Sie wohnen in unseren Gedanken und Gefühlen. Es ist also nicht in erster Linie eine Aufgabe, die unser Leben beschwert – die Pflege des Kindes, die Fortbildung, die Renovierung, das Gespräch –, sondern es sind unsere Gedanken, Haltungen und, davon ausgelöst, dann oft die negativen Gefühle. Also alles das, was sich *in* uns abspielt.

Die gute Nachricht: Wenn die schweren Gedanken und Gefühle in Kopf und Herz hineingekommen sind, dann können sie auch wieder heraus! Sie können ersetzt werden durch andere.

Erleichterung – ein Coronageschenk

Erikas Geburtstagsfeier ist nur ein Beispiel von vielen. Die Pandemie hat dazu angeregt, unsere eingefahrenen Gleise noch mal neu zu überdenken: Muss das wirklich so laufen? Geht es nicht einfacher und schlichter? Manche digitalen Möglichkeiten entlasteten plötzlich ungemein: Da wurde mit der Großfamilie geskypt, Online-Sport oder eine Zoom-Sitzung angeboten. So ließen sich Kilometer und Übernachtungen sparen, Menschen besser integrieren.

Wir können aus diesen neuen Erfahrungen mitnehmen, dass wir häufiger und rechtzeitiger darüber nachdenken, was wir denn familiär, ehrenamtlich und beruflich für unverzichtbar halten, obwohl es unser Leben manchmal unnötig beschwert. Die Pandemie hat uns teilweise auch gelehrt, es uns leichter zu machen.

Die leichte Jesus-Last

Es wird Zeit für weitere Jesus-Impulse, weil sie entlasten können!
Als mein Vater neulich operiert wurde, durfte er anschließend im Alltag »nur« die Last eines Kilo tragen. Die ist schnell erreicht. Ein Tablett mit Abendessen und Getränken für zwei Personen wiegt bereits deutlich mehr. Erst nach seiner Genesung würde er das wieder tragen können. Für seine Schonzeit aber hatte er eine Ansage bekommen, welche »Last« für ihn passend sei.

Jesus möchte unser Leben erleichtern.

Das ist genau die jesusgemäße Art für uns alle und besonders für Beschwerte. Im Heilandsruf, den ich bereits in Kapitel 1 erwähnt habe, heißt es weiter: »Denn mein Joch passt euch genau, und die Last, die ich euch auflege, ist leicht« (Matthäus 11,30).

Das klingt erst mal paradox. Wie kann ein Joch passend und eine Last leicht sein?

Ein Joch[40] ist zur Zeit des Neuen Testaments eigentlich ein Zuggeschirr für den Hals, mit dem zwei Tiere vor den Wagen oder Pflug gespannt wurden.[41] Dadurch sollten die Tiere das Pflügen eines Feldes erfolgreich leisten können. Der Bauer hat also genau darauf geachtet, dass die Tiere passend eingejocht waren.

Jesus möchte mit diesem Bild unser Leben erleichtern. Er wendet sich gegen eine verzerrte Haltung dem Gesetz gegenüber, weil er sah, wie die Menschen sich durch Regeln belasteten und in eine ungesunde Gesetzlichkeit abrutschten. Wo das geschah, war die Last zu schwer geworden. Jesus aber war dazu gekommen, sie von falschem (frommem) Leistungsdenken zu befreien und in eine gesunde Weite zu führen.

Das Joch von Jesus passt genau!

Wie ist Jesus mit dem Gesetz umgegangen? Er hat beispielsweise auch am Sabbat geheilt. Eigentlich war das nur bei Lebensgefahr erlaubt, aber Jesus durchbricht die Regel. Denn »Heilung« entspricht gelingendem Leben. Es klingt paradox, aber ist so wahr: Erleichtert werden wir, wo wir seine Herrschaft in unserem Leben bejahen. Sie kann uns zu konkreten Entlastungen anleiten. Es ist eine lebensfördernde Abhängigkeit, die uns von zu schweren Lasten befreit.

Brauchen wir auch im 21. Jahrhundert diesen Hinweis? Oh ja! Die Schwermacher haben gezeigt, wie schnell wir uns überlasten. Wir stehen in Gefahr, durch (fromme) Leistung uns selbst, anderen oder Gott etwas beweisen zu wollen. Wir stehen in Gefahr, uns selbst zu überfordern. Wir stehen in Gefahr, unerlöste Gedanken und Haltungen beizubehalten, die uns selbst oder unseren Nächsten schaden.

Das Joch von Jesus aber passt genau! Es drückt nicht, schnürt nicht ein, überfordert nicht. Es ist »maßgeschneidert«. Es verhilft dazu, die eigentliche Aufgabe – im Bild von damals: das Pflügen eines Feldes – erledigen zu können. Jesus kann uns dazu freisetzen, die eigene Lebensberufung auszufüllen. Glücklich, fröhlich, entspannt, gelassen, zufrieden, leistungsstark. So ein Leben ist keine Utopie.

> Wir bleiben in enger Tuchfühlung mit ihm.

Wie das lebbar ist? Wir verschenken uns täglich an Jesus, und wir bleiben in enger Tuchfühlung mit ihm. So erkennen wir, welche Furche wir im Leben ziehen sollen. Es ist also keine Einladung zu einem Leben auf der Couch. Aber in der Gefahr stehen wir Aktiven und Leistungswilligen ja auch eher nicht. Für uns heißt es vielmehr, die unpassenden Lasten abzugeben, statt neue aufzunehmen. Wir brauchen uns weder im Leben zu überfordern noch im Glauben etwas zu verdienen.

Ich selbst übe mich darin, die zarten Jesushinweise häufig wahrzunehmen und mich nach ihnen zu richten. Das fällt mir nicht leicht. Aber ich merke: Ich habe es so nötig, mich Jesus unterzuordnen. Oft heißt es ganz praktisch, mal wieder etwas auf der To-do-Liste einzuklammern. Es ist heute nicht dran. Vielleicht morgen. Vielleicht auch gar nicht. Leitmotiv: Was darf ich mal wieder streichen?

> Was darf ich mal wieder streichen?

Könnte es sein, dass auch du manchmal in der Gefahr stehst, nicht zu wenig, sondern zu viel zu tun? Und damit auch nicht das Passende, Maßgeschneiderte?

Denkpause

»Ist die Last von uns Aktiven zu schwer, dann ist es wahrscheinlich nicht die Jesuslast.« Spüre diesem herausfordernden Satz nach.

Damit meine ich nicht, dass es keine stressigen Stoßzeiten geben darf. Anstrengungen, Sorgen, Herausforderungen, Probleme. Mühsame Tage und schlaflose Nächte. Die gehören dazu. Aber sie sollten nicht zum Dauerzustand werden.

LOSLASSGEBET

Geh in der Stille noch einmal die sieben Schwermacher durch. Bitte Jesus, dir zu zeigen, welche Last für dich zu schwer ist. Was darfst du streichen?

Anschließend gib ab. Allein für dich, alternativ zusammen mit einer Zweierschaftsfreundin oder Seelsorgerin.

Jesus, ich bringe dir ...
meinen Hang zur sklavischen Pflichterfüllung im Bereich

. . . .

meine hohen Ansprüche im Bereich

. . . .

meine mich überfordernden Lebenseinstellungen

. . . .

Wir kommen gleich zu den praktischen Ideen, die uns im Alltag weiterhelfen können. Aber zunächst folgen noch weitere Anregungen aus dem Lebensstil des für mich glänzenden Vorbilds Jesus Christus!

Der befreiende, heilende Jesus

Hatte Jesus in seinen drei Wirkungsjahren ein bequemes Leben? Nein. Sein Auftrag war groß, der Andrang seitens der Menschen ebenfalls.

Wie gelang es ihm, dennoch unbeschwert zu sein? Indem er befreit, sorglos, vertrauensvoll und innerlich heil unterwegs war. Folgendes kennzeichnete sein Denken und Handeln:

Er *lebte aus der Stille*. Er sparte also nie an seinen Stille-Zeiten aufgrund von zu vielen Pflichten. Dennoch ließ er sich willig im Alltag unterbrechen, wenn er gebraucht wurde. Er nahm sich die erholsame Stille dann einfach später. So kamen ihm nach Markus 6,30-46 auch wieder die Menschen mit ihren Bedürfnissen »dazwischen«. Es war weder Zeit zum Essen noch zum Beten. Daraufhin führte er die Speisung der Fünftausend durch, sättigte damit sich und seine Jünger und betete später, nachdem er die Menschen nach Hause entlassen hatte.

> Diese Geborgenheit in Gott machte ihn innerlich stark.

Auch allerschwerste Situationen wie seinen Leidensweg bewältigte er aus der Stille mit Gott.

Er *entfernte sich nie aus diesem positiven Abhängigkeitsverhältnis und wusste sich getragen* von seinem Vater im Himmel. Am Anfang seines Dienstes steht die Zusage seines Vaters: »Dies ist mein geliebter Sohn, an ihm habe ich große Freude« (Matthäus 3,17). Auch in Grenzsituationen wurde er von ihm gestärkt. So sorgten nach Matthäus 4,11 die Engel für Jesus, nachdem er in der Versuchung durch den Teufel Kraft gelassen hatte. Diese Geborgenheit in Gott machte ihn innerlich stark und äußerlich unbeschwert und leistungsfähig.

Er *setzte sich nicht selbst unter Druck*. Er widerstand zum Beispiel möglichen überhöhten Selbstansprüchen. So fokussierte er sich beispielsweise auf die Verlorenen seines Volkes, obwohl er die weltumfassende Aufgabe hatte, »alle« zu retten.

Auch akzeptierte er jede Einzelentscheidung und ließ die Verantwortung beim anderen. Wenn Menschen ihn innerlich nicht aufnahmen, respektierte er das, stellte deshalb aber nicht seine eigene Kompetenz infrage. Nach Markus 10,17ff verließ ihn ein reicher Mann, der sich nicht auf die Nachfolge einlassen wollte. Jesus zweifelte anschließend nicht an seinen seelsorgerlichen Fähigkeiten. Stattdessen schulte er seine Jünger.

> Jesus genoss, was es zu genießen gab.

Er *war flexibel*, wenn es sein musste. Setzte selten etwas auf Biegen und Brechen durch. Keine »Das muss aber doch jetzt hier zu machen sein«-Mentalität. Wenn er keine Offenheit für seine Botschaft fand, akzeptierte er das und ging weiter. Und auch seine Jünger forderte er dazu auf, gegebenenfalls den Staub von ihren Füßen zu schütteln und weiterzuziehen (Matthäus 10,14).

Er *feierte* oft und gern. Nach Johannes 2,2 war er beispielsweise auf einer Hochzeit eingeladen und er lud sich nach Lukas 19,5 selbst zu Zachäus ein. Jesus genoss, was es zu genießen gab. Diese unbeschwerten Stunden gehörten zu seinem Alltag. Damit schuf er ein Gegengewicht zu den Aufgaben, Lasten und Herausforderungen (mehr zum Thema Genießen findest du in Kapitel 6).

Wo stehen wir?

Ja, Jesus ist wirklich ein sehr gutes Vorbild, von dem wir jede Menge lernen können. In seinen Fußstapfen lässt es sich leben. Er ist aber noch weit mehr als das: Er ist auch Erlöser und Arzt unserer Seele, wenn wir uns verbogen haben, verkrümmt sind, belastet leben. Er kann Schwermacher behutsam aufdecken, entlarven, entkräften. Er kann Lasten abnehmen, Wunden heilen, neue Lebenseinstellungen vermitteln. In seiner Gegenwart darf Neues in uns wachsen.

Trainingsplan
Schenkt dir der Lebensstil von Jesus einen entlastenden Anstoß für dein Leben? Springt dich irgendetwas an?

Einige Tools, die Jesus lebte, erscheinen mir einfach. Andere fordern mich richtig heraus. Auch ich spare nicht an der Stille. Sie einzuplanen, ist mir ein Grundbedürfnis. Von daher läuft es in dem Bereich. Aber wie sieht das beispielsweise mit den Selbstansprüchen aus?

In meiner Leitungsaufgabe unserer Kirche arbeite ich mit über dreißig Menschen unterschiedlichen Alters im Bereich Gottesdienst zusammen. Das ist oft herausfordernd. Wenn es Probleme gibt, neige ich dazu, sie lösen zu wollen. Manchmal gelingt das sehr gut, manchmal geht das gar nicht. Oder nicht sofort.

Ich mache mir selbst Druck...

Dann stehe ich in der Versuchung, meine Kompetenz infrage zu stellen. Ich mache mir selbst Druck: Hättest du dies oder jenes anders angehen müssen, damit »alles läuft«? Es keine Reibereien gibt? Alle Probleme gelöst sind? Ich beschwere mich selbst. Prompt stellt sich aufgrund der Sorgen und Selbstzweifel Druck im Magen ein.

Nach und nach erkannte ich: Es wird nie »alles laufen«. Diesen Idealzustand wird es nicht geben, wenn Menschen zusammenarbeiten. Und dennoch darf es mir gut gehen! Und ich lernte noch etwas, nämlich zu unterscheiden: Was liegt in meiner Verantwortung? Wo muss ich beispielsweise gute Strukturen für unsere Arbeit schaffen? Was liegt aber auch nicht an mir? Und: Was will Gott genau jetzt in mir persönlich tun?

Durch diese Fragen entlaste ich mich und lasse mich entlasten. Lasse mir Druck abnehmen, lasse meinen zu hohen Selbstanspruch oder meine Selbstzweifel los. Kann aufatmen und glücklich sein.

Alltags-Challenge: Kopf- und Herzentlastungen

Ich habe es schon erwähnt, dass ich seit Jahren in einer Challenge bin. Ich nenne sie: Mach es dir leichter, wo immer es geht! Was für ein herrlich entlastender Satz für Engagierte!

Mach es dir leichter, wo immer es geht!

Entstanden ist dieser Gedanke, weil ich mir mein Leben viele Jahre zu schwer gemacht habe. Nachdem ich also die vielen Schwermacher meines Lebens herausgefunden hatte, war die Bahn frei für Neues! Mittlerweile ist mir dieser Satz zum Gehirnsport geworden. Ich erlebe damit richtig viel Gutes im Alltag. Hier einige praktische Tools:

> **HERZENSGEBET**
> Eine sehr schöne Alltagsübung, um Kopf und Körper zu erleichtern und im Hören zu wachsen, ist folgende:
> »Herr Jesus Christus (dabei einatmen),
> Sohn Gottes (dabei ausatmen),
> erbarme dich (dabei einatmen)
> meiner (dabei ausatmen).«
> Kurzform: Herr Jesus Christus (einatmen), erbarme dich meiner (ausatmen).

Es ist das Herzensgebet[42] kombiniert mit einer Tiefenatmung. Diese Übung kann man mehrmals hintereinander ausführen. Ob am Schreibtisch, auf dem Weg zur Arbeit, nach einem stressigen Telefonat oder am Ende einer Planungsrunde – sie ist jederzeit möglich. Sie eignet sich auch abends vor dem Einschlafen, falls noch Tageslasten beschweren. Tiefenatmung bedeutet, dass wir dabei weg von der Brustatmung in die Bauchatmung kommen. Diese beruhigt und entspannt. Gleichzeitig kommen wir mit dem Herzensgebet in unseren Gedanken zentral bei Jesus an. Wir fokussieren uns auf ihn. Einfach mal ausprobieren!

To-do-Liste entschlacken

Das war bereits Thema in Kapitel 1. Viele von uns sind To-do-Listen-Queens! Wir können super planen, sind effektiv und leistungsstark. Dagegen ist nichts einzuwenden, solange wir den Listen nicht die Herrschaft über unsere Zeit zugestehen. Dann ist allerdings Achtung geboten. Denn es gibt Tage, die fühlen sich schon morgens nicht gut an. Warum? Weil irgendetwas zu viel ist.

Sobald sich eine To-do-Liste des Tages in meinen Gedanken zu schwer anfühlt, frage ich also aufmerksam: Was kann raus? Manchmal entscheide ich dann, ein Mittagessen »nur« aufzutauen, einen Termin oder eine Aufgabe zu vertagen.

> Auch das Gute kann manchmal zur übermäßigen Pflicht werden.

Manchmal gehe ich noch einen Schritt weiter: Ich streiche sogar einen »Freizeitstress« oder »Gesundheitsstress«. Da ich viele Jahre chronisch schwer krank war, muss ich täglich eine bestimmte Zeit für meinen Rücken aufwenden. Das ist gut so. Aber auch das Gute kann manchmal zur übermäßigen Pflicht werden. Konkret lasse ich also auch mal Sport ausfallen oder verlege das Treffen mit der Freundin. Vielleicht brauche ich einfach nur Ruhe. Mehr nicht.

Der Effekt der entschlackten To-do-Liste: Ich gehe mit erleichtertem Kopf und positiven Gefühlen durch den Tag.

»Hör auf Gott«-Tagebuch schreiben

Manchmal wache ich schon morgens mit einer Last auf. Vielleicht habe ich sehr hohe Ansprüche an mich gestellt? Oder Menschen haben mich gefordert? Die Not eines anderen fragt mich innerlich, ob ich daran eine Aufgabe habe? Oder …?

Oft nehme ich mir dann mein »Hör auf Gott«-Tagebuch vor. Ich schreibe Gott meine konkrete Frage auf. Meine innere Haltung ist dabei folgende: Ich bin ganz offen und bereit für das, was Jesus mir dazu zu sagen hat. Ich lasse einfach den Stift laufen und schreibe die

Gedanken auf, die er mir zuspielt. Manchmal ist es ein Bibelwort, manchmal sind es andere Impulse, die ich innerlich höre.

Wenn ich eine Last aufschreibe, ist es wie ein inneres Abgeben vor dem Kreuz. Es erleichtert mich, klärt meine Seele. Manchmal bin ich auch mehrere Tage mit einer Frage unterwegs und sammle Eindrücke, die Gott mir zuspielt.

Kann man das so machen? Ich glaube schon. Vor Jahren habe ich einfach mit dieser geistlichen Übung angefangen. Manchmal lese ich nach Monaten noch mal nach, was mich beschäftigt hat, was ich gehört habe und wie es damit weitergegangen ist. Häufig hatte ich nachträglich das Gefühl, richtig hingehört zu haben. Der Heilige Geist lebt ja in uns und will uns seine Impulse geben. Ich habe bereits viele gute Erfahrungen damit gesammelt.

Ein Beispiel aus der Bibel, wie die ersten Christen das erlebt haben: »Als sie [Paulus und Silas] dann ins Grenzgebiet von Mysien gelangten, wollten sie weiter in die Provinz Bithynien, doch auch das ließ der Heilige Geist nicht zu. Also zogen sie durch Mysien in die Stadt Troas« (Apostelgeschichte 16,7-8). Der Heilige Geist kann uns also auch darin ermutigen, bestimmte Dinge *nicht* zu tun.

Natürlich kann es sein, dass man sich auch mal »verhört«. Das passiert ja auch in guten Ehen und Freundschaften. Dort würde uns so ein Patzer nicht daran hindern, auch in Zukunft miteinander zu reden oder uns zu schreiben. Deshalb lass dich einladen zu einer »Hör auf Gott«-Zeit.[43]

Handy-Nutzung anpassen

Das Smartphone gehört für viele von uns zum Alltagsleben. Gleichzeitig spüren wir aber auch, dass die kleinen Alleskönner uns manchmal beherrschen. Besser wäre es, wir beherrschen sie.

Gute Tipps für den Umgang mit deinem Handy findest du in den Literaturhinweisen.[44]

Auch mir fällt es nicht immer leicht, mich angemessen abzugrenzen (siehe Kapitel 1). Ich weiß, dass bestimmte Chats neue Lasten in mein Leben bringen: Aufgaben in Familie, Ehrenamt oder Beruf, Fürbitteanliegen von anderen Menschen. Ich trage da gern ganz viel mit. Weiß aber auch, wie viele Gedanken es bindet und wie viel Kraft das kostet.

Deshalb übe ich mich seit einigen Monaten darin, bestimmte Nachrichten nicht vor meiner Mittagspause und nur bis 20 Uhr zu lesen. Dadurch schütze ich meine Erholungszeiten. Ausnahmen bestätigen natürlich die Regel, denn es gibt »Notfälle«, wo ich gern erreichbar bleibe.

Möchtest du dir eine Handyregel geben? Wenn ja, dann ist hier Platz für sie:

. . . .

Unbeschwerter ist das Codewort

Es ist wirklich wahr: Manche Lasten tun uns einfach nicht gut. Sie beschweren Herz und Hirn. Gar nicht so einfach, manches aufzuspüren und uns davon zu befreien. Aber es ist möglich und unglaublich wohltuend.

Manche Lasten tun uns einfach nicht gut.

Denn erleichterte Menschen haben so ein herrliches Leben. Sie sind fleißig und trotzdem entspannt. Sie sind engagiert und trotzdem sorglos. Sie sind selbstlos und trotzdem selbstliebend. Sie sind planvoll und trotzdem flexibel. Wie hieß es noch? Mach es dir leichter, wo immer es geht. Da wird im Alltag immer wieder losgelassen. Und schwups, macht die Freude sich breit! Menschen mit dieser Mentalität schaffen und tragen viel, ohne dabei ständig über das passende Maß hinauszugehen. Damit sind sie für sich selbst gut genießbar und für andere ein großer Segen.

Gesegnetes Leben darf leicht sein!

4. GETRIEBEN UND GEDRÄNGT

Mach mal Tempo, Kerstin!

Herbst 2020. Während Kinder draußen Kastanien auflesen, sammle ich die ersten Gedanken für dieses Buchprojekt. Hier eine Idee, da eine Anregung. Bald ist so viel zusammengekommen, dass ich ein Konzept im Rohbau habe und Kontakt mit dem Verlag aufnehme. Das sind aufregende Tage. Wird es tatsächlich mein neues Projekt? Zunächst geht es nur um das kreative Herumspinnen. Das macht Spaß.

Streng dich an! Mach Tempo und sei stark!

Irgendwann kommt dann die Gretchenfrage: Wann werde ich abgeben können? Die Welt ist im Lockdown. Das Thema passt in die Zeit. Der Verlag hat seine Interessen. Am liebsten würde man es so schnell wie möglich bringen, heißt: in einem halben Jahr. Ups! Zeitnah werden ein paar Geisterchen in mir aktiv. Sie befeuern mich: Streng dich an! Mach Tempo und sei stark!

Nun, mir geht es ja etwas besser als vor Jahren. Vielleicht könnte ich mir das wirklich zutrauen? Entschlossen schnappe ich mir meinen Kalender, schiebe im Geist Termine, überlege hin und her. Bleibe aber unentschlossen.

Drei Monate später lege ich mich endlich richtig fest. Ich entscheide mich für ein späteres Abgabedatum. Um meinetwillen wähle ich die langsamere Lösung. Ist mir das leichtgefallen? Überhaupt nicht. Gedanken und Gefühle sind auf Hochtouren gelaufen. Weiß ich, dass es »richtig« war? Da bin ich mir sicher. Wie will ich andere Menschen ermutigen, sich zu entlasten, wenn ich es selbst nicht lebe? Ich bin nur dann glaubwürdig, wenn ich mich nicht aus der falschen Richtung antreiben lasse. Außerdem weiß ich aus eigener Erfahrung: Arbeiten unter Druck ist ungesund für mich. Es schwächt meine Kreativität. Raubt mir Lebensfreude. Und es macht mich leider auch anfällig für psychosomatische Reaktionen meines Körpers. Gesund ist: ein Ja zur Arbeit, aber ein Nein zum Getriebensein.

 Wann hast du dich das letzte Mal gegen einen Druck von innen oder außen entschieden?

PARTY
Falls du das noch nicht gefeiert hast, dann ist heute Abend vielleicht der passende Moment dafür. Stell den Sekt kalt, koch etwas Leckeres oder ruf beim Italiener an.

Noch ein Päckchen obendrauf

Ich bin nicht die Einzige, die immer mal wieder ins Rotieren kommt. Wir aktiven Frauen haben eines gemeinsam: Wir werden häufig mit Anforderungen, Anfragen, Aufgaben, Nöten und Herausforderungen überflutet. Entweder haben wir sie selbst bereits auf der To-do-Liste stehen oder andere möchten sie uns dort hineinschreiben. Ein paar Kostproben gefällig?

Da ist Hanna, eine Krankenschwester. Eine alte, kranke Bekannte von ihr versteht sich nur mittelmäßig mit ihren wenigen Angehörigen. Aber sie schätzt Hanna. Plötzlich steht die Entscheidung im Raum, ob nicht Hanna die Betreuungsverfügung unterschreiben könne. Das wäre der entschiedene Wunsch ihrer Bekannten. Wird sie darauf eingehen?

> Gesund ist: ein Ja zur Arbeit, aber ein Nein zum Getriebensein.

Da ist Inge, eine Heilpraktikerin für Psychotherapie. Sie arbeitet in einer Praxis mit mehreren Kollegen zusammen. Eine Kollegin hat das Zimmer direkt neben Inge. Sie begegnen sich auf dem Flur. Die Kollegin sieht mit einem Mal richtig schlecht aus. Inge ahnt, dass handfeste Probleme im Hintergrund stehen. Wird sie sich neben ihren Patienten noch zusätzlich um die angeschlagene Kollegin kümmern?

Da ist Christiane, eine Lehrerin. Ihr praktisch veranlagter Mann hat ein neues Projekt in Arbeit. Ein kleines Ferienappartement soll in Eigenarbeit für sie als Familie »schön« gemacht werden. Natürlich soll Christiane mithelfen. Wird sie sich trotz angeschlagener Gesundheit darauf einlassen?

Da ist Ute, eine Redakteurin. Sie arbeitet in einem Verlag. Ihr Chef bittet darum, dass sich die Kollegen noch intensiver vernetzen und regelmäßige Sitzungen in Kleingruppen organisieren. Dabei fehlt es bereits jetzt oft an Zeit, um die zu bearbeitenden Projekte aufs Gleis zu setzen. Muss sie auf seine Bitte eingehen?

Da ist Tabea, eine Hausfrau und Mutter mit diversen Ehrenämtern. Ihr erwachsener Sohn ist schon lange krank und nicht arbeitsfähig. Wird sie regelmäßig für seine junge Familie mitkochen?

Vielleicht kennst du ähnliche Situationen aus deinem eigenen Leben. Wir brauchen einen klaren Kopf, um auf solche Anfragen die angemessene Antwort zu geben.

Hoppla, wer spricht denn da?

Bevor wir aber diese gute Antwort finden, werden andere Gedanken bereits in uns aktiv sein. Unsere inneren Antreiber laufen nämlich in Sekundenschnelle auf Hochtouren. Seit frühester Kindheit haben wir sie verinnerlicht. Es sind tief in uns sitzende Prägungen, die unser Denken, Fühlen, Handeln oft unbewusst bestimmen. Beispielsweise diese hier:[45]

> Unsere inneren Antreiber laufen in Sekundenschnelle auf Hochtouren.

- Sei stark!
- Sei perfekt!
- Mach es allen recht!
- Streng dich an!
- Mach schnell!

Häufig gibt es einen Primärantreiber, der besonders stark ausgeprägt ist. Wir merken ihn in Stresssituationen, weil er uns dann befeuert. Zunächst mögen diese Sätze gar nicht sooo negativ klingen. Es ist doch gut, wenn wir uns mal beeilen oder stark sind. Das sind doch wünschenswerte Eigenschaften. Wo also liegt das Problem?

Es liegt hierin: Wenn allein die Antreiber unsere Arbeit und Freizeit prägen, dann sind wir die Getriebenen. Reaktiv. Rastlos. Unruhig. Getriebene Menschen sind letztlich abhängig und unselbstständig. Sie sind nicht Frau ihrer Selbst. Stattdessen folgen sie den tief in ihnen verwurzelten Lebensgrundsätzen.

Manchmal steigert sich das bis zu einer starken Überforderung. Wir sprechen davon, dass jemand etwas »wie besessen« erledigt. Er oder sie hat keinen Abstand mehr zu einer Aufgabe. Das klingt nicht gut. »Die Problematik der inneren Antreiber besteht in erster Linie darin, dass sie eine der Hauptursachen für Stress, Unzufriedenheit und dauernde innere Anspannung sind. Der Druck, der von inneren Antreibern ausgeht, verhindert Entspanntheit, Spontaneität, Freude, Genussfähigkeit und Gelassenheit.«[46] Es ist also wichtig, uns damit auseinanderzusetzen.

Getriebene Menschen sind letztlich abhängig und unselbstständig.

 Kennst du bereits deine Antreiber? Welche sind es?

Natürlich wollen wir alle gern gute Leistung bringen und andere zufriedenstellen. Nur, zu viel Antrieb aus der falschen Richtung bringt letztlich oft gar keine gesteigerte Arbeitsleistung, im Gegenteil. Im schlechtesten Fall wird das Leben stressig, die Leistung geringer und die Gesundheit geschwächt. Das ist gut zu wissen.

Meinen Hauptantreiber habe ich in diesem Buch bereits verraten: Streng dich an! Wäre ich nur ihm bei diesem Buchprojekt gefolgt, wäre das mir und dem Projekt nicht gut bekommen. Begeisterung wäre vielleicht umgeschlagen in Antriebsschwäche, Kreativität erloschen in Denkblockaden.

Und die anderen Ladys, von denen eben die Rede war: Was machen sie nun mit ihren Anfragen? Der Ehemann, der Chef oder die Bekannte warten ja immer noch auf eine Reaktion. Lassen sie sich dabei von ihren Antreibern bestimmen oder finden sie eine eigenständige Antwort?

Der Button in der Küche

Die Antwort ist vielleicht noch gar nicht ausgereift. Erst mal brauchen wir einen klaren Kopf. Wie also können wir unsere Gedankenwelt stärken?

Vor vielen Jahren war mein Kühlschrank von außen mit »Buttons« übersät. Meine waren selbst gestaltet. Auf ihnen standen gute Sätze, an die ich mich regelmäßig erinnern wollte. Mein Lieblingsbutton? Der ist bereits bekannt. »Mach es dir leichter!«

> Erst mal brauchen wir einen klaren Kopf.

Dieser Satz ist ein sogenannter »Erlauber«. Darunter verstehe ich eine Aussage, die den Zwang des Antreibers löst. Die gute Nachricht lautet also: Es ist kein Problem, dass wir Antreiber in unserem Leben haben. Wichtig ist, ihnen den Wind aus den Segeln zu nehmen. Uns von ihnen zu lösen oder »erlösen« zu lassen. Und wie geht das?

Zunächst ist es wichtig, deine Erlauber zu finden. Ich fand für mein Schwermacherleben den Satz: »Mach es dir leichter.« Ein Schätzchen für meinen Alltag! Ich möchte nicht mehr ohne ihn leben!

> Es ist wichtig, deine »Erlauber« zu finden.

Ein anderes Beispiel: Wer den Antreiber »Mach es allen recht« kennt, kann ihn durch »Ich darf auch mal Nein sagen« ersetzen. Das nimmt Druck und Überlastung raus.

SUCHRUNDE

Gönn dir eine spannende Lesepause und finde Erlauber für deine Antreiber!

Hier ein paar Ideen, die dich inspirieren können:

Antreiber:	Erlauber:
Sei stark!	Ich darf auch mal um Hilfe bitten.
Sei perfekt!	Ich darf Fehler machen.
Mach es allen recht!	Ich darf Nein sagen.
Mach schnell!	Gras wächst nicht schneller, wenn man daran zieht.
Streng dich an!	Es darf auch leicht gehen.

Geduldiges Alltagstraining

Hast du ein paar gute Erlauber gefunden? Vielleicht hast du sie deinem Tagebuch anvertraut. Vielleicht willst du sie sogar irgendwo in deinem Zuhause aufhängen.

Es braucht geduldiges Training in unserem Alltag.

Meine Buttons am Kühlschrank waren mir eine echte Hilfe. Richtig gute Erlauber! Der einzige Haken an der Sache: Ich befinde mich ja nicht den ganzen Tag vor dem Kühlschrank, sondern mitten im Leben. Würden sie mir auch dann einfallen, wenn die neue Anfrage oder Aufgabe irgendwo anklopft?

Ich habe die Buttons viele Jahre hängen gelassen. Irgendwann war ich innerlich so weit, dass ich sie abnehmen konnte. Was für ein großartiger Tag! Ich wusste, jetzt bin ich einen großen Schritt weiter, denn sie leben nun in mir. Wunderbar! Heißt das, dass ich heute nicht mehr in der Gefahr stehe, getrieben zu sein? Von wegen. Die letzte Erfahrung ist ja noch taufrisch. Aber mittlerweile habe ich einige Tools, die mir zu gesünderen Reaktionen verhelfen. Ich stelle sie gleich noch vor.

Es braucht also geduldiges Training in unserem Alltag, damit wir neue Erfahrungen mit uns und anderen machen! Auf diese Weise können wir mit der Zeit schneller aus dem Getriebensein herausfinden und gute Entscheidungen treffen. Sei also sehr liebevoll und geduldig mit dir, wenn die Päckchen im Alltag plötzlich bei dir anlanden.

Mit der Zeit erkennen wir schneller, was bei uns los ist.

Vielleicht hast du dich bei einer Entscheidung doch mal wieder antreiben lassen? Das passiert.

Eine gute Freundin von mir kämpft mit dem Neinsagen. Immer wieder ist ihr Terminkalender proppenvoll, was sie eigentlich verhindern will. Natürlich ärgert sie sich dann. Sie kennt die negativen Folgen – das Gehetztsein, die Unruhe, die Unzufriedenheit –, deshalb stellt sie sich immer wieder neu auf und entschlackt ihre Pläne.

Mit der Zeit erkennen wir schneller, was bei uns los ist. Wir haben uns mal wieder antreiben lassen? Dann heißt es: Krone richten, und weiter geht's!

»Du musst dich nicht drängen lassen!«

Zurück zu den Alltagspäckchen, die in unserem Leben anlanden. Wenn nur der Rasen dringend gemäht werden muss, dann ist das ja gut zu regeln. Wir können mit uns selbst aushandeln, wann und wie perfekt wir mähen. Oft aber sind andere Menschen mit ihren Interessen im Spiel.

Neulich gab es eine dichte Zeit in meinem Ehrenamt. Heikle Gespräche waren zu führen. Das kostet mich immer richtig Kraft. Nach solchen Talks brauche ich zunächst Gartenarbeit oder Sport, um mich runterzufahren. Die ersten Gespräche habe ich noch mit Elan angehen können. Dann merkte ich, wie ich zunehmend erschöpfter wurde. Als dann noch ein weiteres Gespräch nötig wurde, dachte ich: »Ne, nicht schon wieder.«

»Du musst dich jetzt nicht drängen lassen.«

Eine meiner Unterstützerinnen schrieb mir einen erlösenden Satz: »Du musst dich jetzt nicht drängen lassen.« Muss ich das gar nicht? Stimmt ja! Dieser Satz war unglaublich befreiend für mich. Ich habe daraufhin das noch anstehende Gespräch bewusst auf einen Montag gelegt. Dadurch hatte ich mir einen Freiraum von fünf Tagen inklusive Wochenende geschaffen. Ich konnte körperlich auftanken und mit Gott über alles sprechen. Das schenkte mir Abstand und Ruhe. Als der Montag kam, war ich innerlich bereit für ein konstruktives Gespräch.

Keine Schnellschussreaktion. Stattdessen Freiraum zum Nachdenken.

Wenn die Antwort auf eine Anfrage keine fünf Tage warten kann, hilft mir oft schon ein »Das möchte ich mir noch überlegen. Ich melde mich später zurück«. Keine Schnellschussreaktion. Stattdessen Freiraum zum Nachdenken. Das bringt Abstand in eine Sache.

KURZMEDITATION

Wenn dich eine Anfrage erreicht, setz dich auf einen Stuhl, richte dich auf und atme 60 Sekunden lang tief in den Bauch. Sei dir Gottes Gegenwart bewusst. Das hilft dir, bei ihm und dir selbst anzukommen, bevor du reagierst.

ABSTANDSTRAINING

Wie kannst du dir im Alltag notwendigen Abstand verschaffen, wenn Dinge oder Menschen dich drängen?

Abstand von einer Terminanfrage
Abstand von einer Aufgabe
Abstand von dem anstehenden Gespräch mit …
Abstand von einer Mail
Abstand von einer bestimmten Person
Abstand von …

. . . .

Vielleicht reichen diese Übungen bereits aus, damit du dich nicht länger bedrängt fühlst. Der Erlauber »Ich muss mich jetzt nicht drängen lassen« kann jedenfalls eine große Hilfe im Umgang mit Mails, Gesprächen oder Aufgaben sein. Nicht alles muss sofort beantwortet, getan oder besprochen werden. Manches darf ausreifen.

Nachdenken – ein Coronageschenk

Es ist manchmal nicht so einfach, sich selbst auf die Schliche zu kommen. Kennst du das auch aus deinem Leben? Der Alltag läuft durch, und manchmal spüren wir gar nicht richtig, was bei uns selbst eigentlich los ist.

Einige Frauen konnten aufgrund der Pandemie zeitlich herunterfahren. Dies und das konnte ja nicht stattfinden. Dadurch entstand mehr Spielraum. Was macht man an langen Abenden im Lockdown, wenn der Haushalt erledigt und die Arbeit getan ist, die Spiele gespielt und die Filme geguckt sind?

Könnte ich auf diese Aufgabe oder Veranstaltung nicht generell verzichten?

Einige nahmen sich Zeit für sich selbst. Zum Nachdenken. Zum Nachspüren. Und dabei kam unter anderem auch dieses heraus: Manches tut mir gar nicht gut. Könnte ich auf diese Aufgabe oder Veranstaltung nicht generell verzichten? An dieser Stelle reagiere und funktioniere ich (oder meine Familie) eigentlich nur. Will und soll ich das wirklich tun? Wollen wir wirklich so leben?

Wer wollte, konnte also das eigene Leben überdenken, Antreiber und Motivationen entlarven und neue Entscheidungen treffen.

Jesus – klar und souverän

Kannte Jesus wohl auch innere Antreiber? Das ist eine spannende Frage.

Werfen wir einen Blick in die Erziehungswelt zur Zeit Jesu: In den ersten Jahren war es üblich, dass Frauen die Kinderpflege übernahmen. Später kümmerten sich die Väter dann um die Söhne. Man kann also folgern, dass Jesus bei seinem Vater Josef das Bauhandwerk erlernte. Mit fünf Jahren kamen die Kinder in die »Grundschule«, in der auf jeden Fall auch die Thora gelehrt wurde. Bereits mit zwölf Lebensjahren galten die jüdischen »Kinder« als volljährig.[47] Das Heiratsalter lag bei ca. achtzehn Jahren, für Mädchen etwas darunter. Die Erziehung der Juden kann man eher als streng und moralisch hochstehend bezeichnen.

Jesus hat also sicher intensiven Kontakt mit seiner Mutter Maria, seinem Vater Josef und möglichen Lehrern gehabt. Er lernte von ihnen, wie man im jüdischen Sinne leben und handeln könne.

In seinen drei sehr engagierten Wirkungsjahren bekam Jesus häufig Druck von außen, von anderen Menschen, zu spüren. Außerdem wusste er, was sich in den Herzen der Menschen abspielte – auch dann, wenn sie ihre Erwartungen für sich behielten.

Jesus bekam häufig Druck von außen.

Dennoch reagierte er Antreibern gegenüber unglaublich souverän. Er behielt immer das Heft in der Hand, wenn andere Menschen ihre Anfragen äußerten. Er war der aktive Part. Erwartungen anderer konnten in seinem Leben keine Eigendynamik entwickeln.

Hier ein paar Kostproben seiner Antworten und Verhaltensweisen:

- zu den Eltern, die ihn als Zwölfjährigen in Jerusalem suchten: »»Warum habt ihr mich gesucht?‹, fragte er. ›Ihr hättet doch wissen müssen, dass ich im Haus meines Vaters bin.‹ Doch sie verstanden nicht, was er damit meinte« (Lukas 2,49-50).
- zu seiner Mutter auf der Hochzeitsfeier in Kana, als der Wein ausging: »»Was hat das mit mir und dir zu tun?‹, fragte Jesus. ›Meine Zeit ist noch nicht gekommen‹« (Johannes 2,4).

- in der Auseinandersetzung mit den Pharisäern, die eine Frau beim Ehebruch ertappt hatten und Jesus auf das Gesetz hinwiesen: »Damit wollten sie ihn zu einer Aussage verleiten, die sie gegen ihn verwenden konnten. Doch Jesus bückte sich und schrieb mit dem Finger in den Staub« (Johannes 8,6).
- zu seinen Jüngern, nachdem ihn die Schwestern des Freundes Lazarus über dessen Krankheit informiert hatten: »Als er von seiner Krankheit erfahren hatte, blieb er noch zwei Tage, wo er war. Erst dann sagte er zu seinen Jüngern: ›Lasst uns wieder nach Judäa gehen‹« (Johannes 11,6-7).

Wie wirkt das auf mich? Manches überrascht mich, anderes wirkt zunächst unverständlich oder fast schroff. Auf den ersten Blick hätte es doch gute Gründe gegeben, sich nach der Meinung anderer Menschen zu richten. Warum nicht den Eltern Folge leisten? Warum nicht auf der Stelle ein Wunder tun? Warum nicht Böses zeitnah verurteilen? War er manchmal zu übermüdet für eine bestimmte Aufgabe und lehnte deshalb ab? Wollte er Menschen vor den Kopf stoßen? Wollte er gar Eigensinn demonstrieren?

Das Verhalten von Jesus schenkt Aha-Erlebnisse.

Nichts von alledem. Das Verhalten von Jesus schenkt Aha-Erlebnisse:

- Jesus wusste um seine Berufung und seine Aufgaben.
- Jesus war sich klar über den richtigen Zeitpunkt für eine Handlung.
- Jesus war souverän in seinen Reaktionen.

Manchmal reagierte er auf andere mit Worten, manchmal mit einer Geste. Sicher haben seine Antworten und Reaktionen mitunter

Unverständnis, Kopfschütteln, Verwunderung oder Frust ausgelöst. Aber von diesen Gefühlen hat Jesus sich nicht beeinflussen lassen. Stattdessen hat er konsequent nur die Beeinflussung aus einer einzigen Richtung zugelassen: von seinem Vater im Himmel.

Sein Antrieb: von innen nach außen leben

Warum reagierte er so, wie die Evangelisten es beschreiben? Er wollte nur die Erwartungen einer ganz bestimmten Autorität erfüllen. Nicht mehr, nicht weniger. Jesus gab den Erwartungen seines Vaters den größten Stellenwert. Es war der Vater, zu dessen Wohlgefallen und Freude er lebte (Markus 1,11). Das war sein Leitmotiv, sein Antrieb. Dafür sollte jederzeit die Bahn frei sein. Er erwartete nur himmlischen Applaus! Weiter nichts. Durch diese tief verankerte Lebenseinstellung beugte er allem Getriebensein vor.

> Jesus gab den Erwartungen seines Vaters den größten Stellenwert.

Zu den Erwartungen des Vaters hat er sich mehrmals deutlich erklärt. So antwortete er einmal, als er von seinen Jüngern gedrängt wurde: »Meine Nahrung ist, dass ich den Willen Gottes tue, der mich gesandt hat, und sein Werk vollende« (Johannes 4,34). Wir haben es als Ehepaar einmal so ausgedrückt: »Die Erwartungen Gottes [...] haben für ihn [Jesus] weitaus größere Bedeutung als die Erwartungen der Menschen.«[48]

Die Richtung ist also wieder dieselbe, wie wir sie aus Kapitel 2 kennen: Es geht von innen nach außen! Das betrifft sowohl den inneren Heilungsweg, wenn er im Umgang mit Erwartungen nötig ist, als auch das gesunde Leben mit ihnen. Denn Jesus zeigte, wie gelebt werden kann: Durch das konsequente Leben aus der Stille entstand ein klares »Standing« nach außen hin. Erwartungen von Menschen wurden entmachtet. Jesus handelte aus der Stille heraus, wusste deshalb um seine Aufgaben und die richtigen Zeitpunkte. Diese Verhaltensweisen laden zur Nachahmung ein.

Jesus und die Unterbrechungen

Obwohl Jesus so klar lebte und sich immer wieder bewusst abgrenzte, machen die Evangelien noch etwas anderes deutlich: Jesus ließ sich dennoch willig unterbrechen! Wie passt das zusammen? Gab es also doch Situationen, in denen er sich zu etwas drängen ließ?

> Jesus zeigte, wie gelebt werden kann.

Oft geschah es, dass ihm Menschen »dazwischen«-gekommen sind! Manchmal waren es Menschenmassen, die dann auch noch umgehend gesättigt werden wollten. Manchmal waren es Einzelne, die ihn berührten (die Frau mit starken Blutungen in Markus 5) oder die plötzlich irgendwo auftauchten (die Samaritanerin in Johannes 4) oder zumindest heimlich in seine Nähe gerückt waren (Zachäus in Lukas 19). Manchmal waren es sogar Kinder (Lukas 18).

Während die Jünger teils wenig Verständnis für all diese Störfaktoren aufbrachten, ließ Jesus sich willig in seinem Tagesgeschäft unterbrechen. Er tat es nicht, um *Everybody's Darling* zu sein. Von wegen!

Er ließ sich aber von menschlicher Not bewegen und handelte aus Liebe und Leidenschaft. Jesus stöhnte nicht über diese Anfragen. Er wurde deswegen nicht hektisch oder unausgeglichen. Nein, er nahm die »Unterbrechungen« als gottgegeben an, denn sie gehörten zum Programm seines Vaters. Das, was die Menschen konkret von ihm wollten, stimmte in dem Moment wohl mit den

Erwartungen des Vaters überein. Es harmonierte mit seiner Kernberufung: das Reich Gottes zu demonstrieren durch Berühren, Heilen, Reden, Lieben, Vergeben, Aufbauen.

Das fasziniert mich. So zu handeln und zu leben, ist wirklich »hohe Kunst« im Umgang mit Antreibern von außen! Ich ahne, Jesus konnte deshalb so reagieren, weil seine Tuchfühlung mit dem Vater so unglaublich intensiv war.

Gibt es vielleicht auch in deinem Leben Unterbrechungen, die du zulassen solltest, weil sie zu deiner Kernberufung gehören?

Wo stehen wir?

Auch in unserem Umfeld leben heute richtig viele starke Frauen und Männer, die sich an unterschiedlichen Stellen engagieren. Was mich besonders an ihnen fasziniert, ist weniger das, was sie alles »reißen« im Leben. Vielmehr ist es dies: Starke Frauen und Männer leben nicht getrieben, sondern entschieden.

Starke Frauen und Männer leben nicht getrieben, sondern entschieden.

Worin liegt der Unterschied? Sie erliegen selten ihren Antreibern, sondern leben vielmehr ihre Berufung. Die kann ganz unterschiedlich sein. Vielleicht pflegen sie gerade ein Elternteil oder leiten eine Gemeinde oder engagieren sich in einem Stadtteilcafé. Egal, was es ist: Diese Menschen haben Stille gesucht, bis sie sich über ihre Aufgabe im Klaren waren. Seitdem hat diese Berufung die erste Priorität in ihrem Leben. Und das bleibt auch so – mitten im turbulenten Alltag.

Wie das praktisch geht? Manchmal eben auch durch Verzicht auf vieles andere. Meine Freundin Ute hat ein großes Musicalprojekt für Teens geleitet. Es war eine blühende Arbeit ihrer Kirche und des Stadtteils. Dieses Projekt war für viele Jahre eine wirkliche Lebensberufung für sie. Ute hat viele Gaben. Sie wurde während dieser Zeit auch auf andere Aufgaben hin angesprochen und es lockte sie manches. Es gab durchaus reizvolle Alternativen. Was tun?

Sie hat während des Projekts alles andere abgelehnt. Radikal. Entschieden. Fokussiert. Gut so. Sie hätte sonst nie und nimmer die Kraft aufgebracht, dieses Großprojekt zu leiten. Sie lebte entschieden.

Alltagstools: Antreiber entmachten, entschieden leben

In unserem Alltagsleben wird es immer wieder Kämpfe um die ersten Plätze geben: Welchen Aufgaben geben wir heute oder in diesem Jahr Priorität?

In unserem Alltag wird es immer wieder Kämpfe um die ersten Plätze geben.

Wenn wir unsere Antreiber kennen und entmachten, werden wir bessere Entscheidungen treffen können. Dadurch leben wir immer mehr das, was Gott für uns vorgesehen hat. »Denn wir sind Gottes Schöpfung. Er hat uns in Christus Jesus neu geschaffen, damit wir die guten Taten ausführen, die er für unser Leben vorbereitet hat« (Epheser 2,10).

Einige Tools, die uns dafür stärken können, sind folgende:

Wohin zeigt meine Pfeilspitze?

In Kapitel 1 ging es bereits um Pläne für unser Jahr, die Woche, den Tag. Der Fokus lag darauf, uns selbst zu entlasten.

Jetzt geht es darum, unsere Pfeilspitze zu schärfen, um auf Anfragen hin gute Entscheidungen zu treffen. Viele von uns haben sich bereits mit ihren Gaben beschäftigt: Gabentests gemacht, Bücher gelesen, Erfahrungen gesammelt. Um gute Alltagsentscheidungen zu treffen, braucht es die Erkenntnis, was aktuell »unser Ding« ist. Vielleicht leiten, pflegen, beraten, lehren, beten, ermutigen, coachen, zuhören, schreiben, berechnen oder entwerfen?

Es kann sein, dass »dein Ding« bereits ganz stark in deinem Herzen lebt. Du weißt, was im Moment hauptsächlich dran ist. Vielleicht brauchst du aber auch ein sichtbares Erinnerungszeichen in deinem Zuhause: Das ist zurzeit meine Aufgabe! Du kannst sie auf einer Collage visualisieren, einen Zettel in deine Bibel legen oder eine Karte an deinen Spiegel kleben.

Das ist zurzeit meine Aufgabe!

Mich persönlich stärkt eine Collage, die meine Haupt(auf)gaben beschreibt. Ich habe sie in einer Auszeit unter Anleitung von einem Coach erstellt. Sie hängt in meinem Arbeitszimmer und erinnert mich immer wieder an das, was ich als wichtig erkannt habe.

Pfeilspitze schärfen
Was ist zurzeit deine Hauptgabe und Hauptaufgabe?

Diese Fokussierung verhilft uns dazu, dass wir uns nicht unnötig antreiben lassen oder uns gar trotz großen Engagements schuldig fühlen. Ich kenne nämlich folgende Situation: Da gibt es in unserer

Kirche oder in meinem Sportverein diverse Aufrufe – zu Putzaktionen, Kochaktionen für junge Eltern, Aufräumsamstagen ...

Zu meinem Glück hat unsere Kirchengemeinde eine sehr gesunde Einstellung zur Mitarbeit: Jede(r) soll sich gern einbringen, aber hauptsächlich in *einem* Bereich. Mir hilft das ungemein, diverse Aufrufe an mir vorbeiziehen zu lassen. Ich weiß, dass ich mich bereits für eine große Aufgabe entschieden habe. Mehr ist für mich momentan nicht dran. Ich lehne mich also innerlich öfter mal zurück und lasse andere machen: putzen, kochen, besuchen, räumen, beten – was auch immer. Vor Jahren hätte ich das nicht gekonnt.

 Welche Erwartungen hat Jesus wohl zurzeit an dich? Und welche vielleicht auch nicht? (Hier ist auch Platz für deine »Nicht-Gaben«.)

Trotzdem ist auch das Pfeilspitze-Schärfen noch nicht die Lösung für alle Probleme. Selbst wenn die Hauptaufgabe klar ist, kann es darin zum Getriebensein kommen.

Ein Beispiel: Anna, eine leidenschaftliche Referentin, erhielt nach und nach immer mehr Anfragen. Sie sagte zu. Aber allmählich wurde ihr Leben immer unruhiger. Zu viele Termine! Ihre Kreativität litt, ihre Gesundheit auch. Sie musste lernen, sich selbst »Regeln« zu geben: Wie viele Reisen kann ich mir pro Jahr zumuten? Sie erkannte, dass nicht jede Anfrage von außen Teil ihrer Berufung ist. Manches musste verlegt oder ganz abgesagt werden.

Gesundheitscoaching
Gibt es einen Bereich in deinem Leben, wo du auf deine Berufung *und* deine Gesundheit achten solltest?

Guter Rat muss nicht teuer sein

Ich komme in meinem Alltag manchmal an Grenzen, wenn von außen etwas an mich herangetragen wird. Obwohl ich liebend gern bete und Gottes Reden erwarte, gibt es Situationen, in denen ich mich zunächst unsicher fühle. Ich kann und mag mich nicht entscheiden. Dann ist der Zeitpunkt gekommen, mir den Rat weiser Menschen zu gönnen. »Nur Narren glauben, sie bräuchten keinen Rat, weise Menschen aber hören auf andere« (Sprüche 12,15). Ich frage also vor größeren Weichenstellungen ab und an bis zu drei Personen um ihren Rat. Ich bitte sie, mir ihre Einschätzung zu geben. Wen kann man um diesen Dienst bitten?

- Menschen, die intensiv mit Gott unterwegs sind
- Menschen, die uns gut kennen (Gaben, Grenzen, Gesundheit, Belastungsfähigkeit, Lebensgeschichte)
- Menschen, die Ahnung von der angefragten Aufgabe haben oder sich in sie hineindenken können
- Menschen, die innerlich unabhängig von uns sind, also keine eigenen Interessen mit ins Spiel bringen

Natürlich muss letztlich jeder selbst die Entscheidung treffen, aber mir hilft dieses Tool immer wieder. Denn manchmal werde ich einfach nicht ruhig über einer Anfrage. Da hilft der weise Rat von anderen. Er darf auch gerne professionell sein, also nicht kostenlos. Manch guten Rat gibt es aber auch »geschenkt« von weisen Wegbegleitern.

Unterstützer finden

Welche Menschen deines Lebensumfeldes kannst du um guten Rat bitten?
Gibt es sie bereits oder kannst du aktiv nach ihnen Ausschau halten?
Für Verheiratete: Kannst du auch deinen Ehepartner um einen Rat bitten?

Bauchgefühl beachten

Dein Bauchgefühl ist deine persönliche Intuition[49], deine innere Eingebung. Menschen, die über eine gute Selbstwahrnehmung verfügen, sprechen oft davon: »Ich habe damit (k)ein gutes Gefühl.« Damit meinen sie: Etwas fühlt sich rund an, stimmig, gut, positiv – oder eben auch nicht. Es ist diese innere Erleichterung, wenn wir wissen, was wir wollen. Oder es ist der Kloß im Magen, weil wir wissen, da passt etwas gerade nicht.

Wenn wir dem Bauchgefühl Raum geben, dann gestehen wir uns zu, dass wir eine Entscheidung nicht allein aus dem Verstand heraus treffen wollen. Gott hat uns Gefühle gegeben. Wir sollten sie achten und wertschätzen. Sie sind ein gesunder Seismograf.

> Gott hat uns Gefühle gegeben. Wir sollten sie achten.

»Mit diesen Eingebungen hilft uns unser Bauchgefühl dabei, Situationen und Zusammenhänge zu erfassen, ohne lange reflektiert oder sachliche Zusammenhänge analysiert zu haben.«[50]

Dies ist nun keine Einladung dazu, »nur« dem Bauchgefühl zu folgen. Sonst könnte es sicher zu einseitigen Entscheidungen kommen. Aber generell gilt: Uns muss und darf es gut gehen bei allen Anfragen, die wir mit einem Ja oder Nein beantworten. Wie treffend beschreibt es Kathrin Sohst: »Ja – auch die Intuition macht Fehler, aber wir wissen selbst, dass wir weit öfter intuitiv richtige Thesen aufgestellt und funktionierende Lösungen gefunden haben, als wir mit unserer Intuition danebengelegen haben.«[51]

Uns selbst entlasten

Am Anfang dieses Kapitels habe ich ein paar Beispiele dafür genannt, wie es aussehen kann, wenn andere Menschen etwas auf unsere To-do-Listen schreiben möchten. Und ich ließ offen, wofür sich die einzelnen Personen entscheiden würden.

Die Krankenschwester Hanna hat schließlich die Betreuungsverfügung unterschrieben. Sie hat sich vorgenommen, sich Freiräume für diese Aufgabe zu verschaffen, wenn es ernst wird. Sie wird dann mit anderen Pflichten pausieren. Denn sie weiß sehr wohl, dass sie dieses Päckchen nicht einfach obendrauf packen kann. Dafür ist ihr Alltag zu gefüllt.

Nicht nur im Privatleben, sondern auch in Ehrenamt und Beruf gibt es sicher Möglichkeiten, Prioritäten zu setzen. Die Redakteurin Ute ist auf die Bitte ihres Chefs, sich intensiver mit den Kollegen zu vernetzen, eingegangen. Sie hat aber parallel überlegt, ob sie andere Sitzungen einige Zeit sausen lassen oder ein bestimmtes Projekt an eine Mitarbeiterin abtreten kann. Von ihrem Chef kann sie solche Vorschläge nicht erwarten. Sie weiß aber, dass er für ihre Ideen immer offen ist. Auch sie hat gespürt, dass sie das Päckchen nicht einfach obendrauf packen kann.

Und in meinem eigenen Leben? Ich habe bereits erzählt, dass ich das spätere Abgabedatum für dieses Buch gewählt habe. Trotzdem wurde es zum Schluss zeitlich eng. Das hat mich einmal mehr gelehrt, mich wieder mit Gottes Hilfe zu entlasten. Manches musste ich zurückstellen, obwohl mir das nicht leichtfiel.

Entlastung

Gibt es eine Anfrage, auf die du gern eingehen würdest und für die du dich an anderer Stelle entlasten müsstest/könntest?

Betend eine Entscheidung treffen

Irgendwann ist unsere Reaktion gefragt. Es gibt nur zwei Möglichkeiten: Ja oder Nein sagen. »In einer Zeit, in der die Optionen und Möglichkeiten privat und beruflich immer unüberschaubarer werden, brauchen wir diese Selbstklärung, die uns vor Augen führt, was wir wollen und was wir sollen. Dieses Ja zu wenigem stärkt unser Nein zu den unendlich vielen zusätzlichen Möglichkeiten. Hilft uns zu gesunder Eingrenzung.«⁵²

Gebet kann zur echten Hilfe im Dickicht der Entscheidungen werden!

Die Tuchfühlung mit Jesus Christus ist sicher das wichtigste Hilfsmittel, um eine gute Entscheidung zu treffen. Davon war bereits in Kapitel 3 die Rede (»Hör auf Gott«-Tagebuch).

Ich liebe das folgende Bibelwort, weil es so klar und wegweisend ist:

»Wenn jemand unter euch Weisheit braucht, weil er wissen will, wie er nach Gottes Willen handeln soll, dann kann er Gott einfach darum bitten. Und Gott, der gerne hilft, wird ihm bestimmt antworten, ohne ihm Vorwürfe zu machen. Aber wer ihn fragt, soll auch wirklich mit seiner Antwort rechnen! Denn einer, der zweifelt, ist so aufgewühlt wie eine Meereswoge, die vom Wind getrieben und hin- und hergeworfen wird« (Jakobus 1,5-6).

Ich finde es stark, dass sich der große Gott darauf einlässt, mit uns im Gespräch zu sein. Wir sind ihm wichtig! Unsere Fragen und Anliegen berühren ihn. So wie gute Eltern auf Fragen ihrer Kinder eingehen und ihnen raten, will auch er es tun.

Jede von uns kann da Erfahrungen sammeln. Das ist nicht immer einfach, weil wir uns auch mal verhören können. Aber, wie ich finde, äußerst spannend! Gebet kann zur echten Hilfe im Dickicht der Entscheidungen werden!

WEISHEITSGEBET

»Herr, ich möchte gern deinen Erwartungen folgen. Mach mich unruhig, wenn ich in der Gefahr stehe, mich aufgrund der Erwartungen anderer zu übernehmen. Mach mich mutig, mich von allen falschen Belastungen zu befreien, damit ich gestärkt meinen Weg gehen kann. Beschenk mich mit deinem Herzensfrieden.«

Entschieden ist das Codewort

Kennst du dieses herrliche Gefühl? Plumps, es ist dir gerade ein Stein vom Herzen gefallen. Du bist einfach erleichtert. Warum? Du weißt jetzt, wie du mit einer Anfrage, Situation oder Herausforderung umgehen willst. Und so hast du gerade eine Entscheidung getroffen, mit der du gut wirst leben können. Du stehst nun nicht mehr mit dem Rücken zur Wand. Famos!

Wir dürfen fokussiert leben.

Anstatt uns aus vielen Richtungen antreiben zu lassen und überall Ja zu sagen, dürfen wir fokussiert leben. Aus der Stille heraus. In der Abhängigkeit zu unserem Vater im Himmel. Frei von Menschen. Unabhängig. Aktiv. Entschieden. Kraftvoll. Gesund. Zur Ehre Gottes, zum Wohl der Menschen und zu unserem eigenen Wohl. Das ist gesegnetes Leben in den Spuren von Jesus.

TEIL 2

Mehr.

Wir sind eingeladen. Am Urlaubsanfang machen wir Station in Lüneburg und besuchen einen guten Freund. Auf dem Tisch bunte Blumen, weiße Tischdecke, edle Gläser und dampfende Schüsseln. Alles sieht liebevoll vorbereitet aus, dabei sind wir keine große Gesellschaft, sondern nur zu dritt: mein Bester und ich und unser Freund Micha. Aber der Tisch biegt sich! Wie das kommt?

Micha hat Gerichte ausprobiert, mit denen er demnächst Frauen verwöhnen möchte, die an einer mehrtägigen Auszeit teilnehmen. Micha und seine Frau werden sie leiten.

Unser Leben braucht manchmal genau das: Genuss!

Und heute sind wir beide die Gourmet-Versuchskaninchen. Wir sollen testen, was uns schmeckt. Ich weiß gar nicht, womit ich anfangen soll. Mit Tomate-Mozzarella oder doch lieber mit dem unbekannten Etwas in der Auflaufform? Sieht alles verführerisch lecker aus. Was für eine herrliche Aufgabe für uns! Ein unglaublich verwöhnender Start zu Beginn unserer Urlaubszeit.

Unser Leben braucht manchmal genau das: Genuss! Verwöhnung. Schönheit. Großzügigkeit. Gemeinschaft. Tiefe. Austausch. Gottvertrauen.

Im zweiten Teil dieses Buches möchte ich locken, entdecken, einladen. Ich glaube, dass wir von einigem *mehr* brauchen können. Dazu gehört für mich:

- Achtsamkeit[53] im Heute,
- Genuss im Alltag,
- Großzügigkeit im Leben
- und letztlich mehr Fokus im Glauben.

Wir öffnen uns also für *mehr*? Ja, so ist es. Auf geht's! Entdecke *mehr*!

5. ACHTSAMER IM HEUTE

Aufgeweckt von einer Amsel

Wie schön das klingt! Eine fantasievolle Melodie, unterbrochen durch kleine Pausen, dringt an mein Ohr. Sie steckt mich an mit Lebensfreude. Hat der kleine Vogel etwa schon länger für mich Musik gemacht? Das kann sein. Aber bis eben habe ich rein gar nichts gehört. Wohl auch nichts gesehen, geschweige denn gefühlt. Dabei hätte ich die Chance dazu gehabt. Denn seit einer halben Stunde bin ich walkend unterwegs.

Rund um unser kleines Städtchen gibt es Felder, Wiesen, Hügel, Wäldchen. Vögel, Schafe und Hühner. Wind, Sonne oder Regen. Also viel für alle Sinne. Zu Recht werden wir oft darum beneidet, dass wir es hier so schön haben. Manche unserer auswärtigen Freunde stellen sich den Kohlenpott anders vor. Schmutziger, städtischer, industrieller, voller. Zugegeben, man muss sich manchen Strommasten oder Autobahnzubringer aus der Landschaft wegdenken. Aber abgesehen davon haben auch Naturliebhaber es wirklich gut hier!

> Plötzlich höre ich, sehe ich, spüre ich.

Leider hatte ich gerade keinen Sinn dafür. Denn ich war innerlich woanders. Wahrscheinlich noch am Schreibtisch. Oder vielleicht bei der Planung eines Events im nächsten Jahr? Ich weiß es nicht.

Der Vogel aber hat mich herausgerissen. Plötzlich höre ich, sehe ich, spüre ich. Nicht nur die Amsel macht gute Musik für alle, die es hören wollen – auch andere Singvögel erkenne ich nun. Außerdem kitzelt mich die Sonne im Nacken. Weiter vorne blüht ein Forsythienstrauch. Ein sanfter Windhauch geht und fächelt mir angenehme Frühlingsluft ins Gesicht. Herrlich! Endlich bin ich im *Jetzt*. Bin ganz hier. Ich kann alles aufnehmen, was dieser Moment mir schenkt. Das tut mir sooo gut.

Reminder
Erinnere dich an einen schönen Moment deiner letzten vierundzwanzig Stunden. Was hast du gesehen, gehört, gespürt, gerochen oder geschmeckt?

Wir lassen uns weglotsen

Ich habe einen Wecker, den ich von Hand einstellen kann. Wenn ich ihn benutzen möchte, dann kann ich die Uhrzeit vorspulen: zwei, drei, fünf, sechs! Stopp. Sechs ist gut. Um 6.30 Uhr soll er morgen klingeln. Jetzt noch die Minuten einstellen und auf *okay* drücken. Dann sollte es morgen früh klappen.

Ich ertappe mich dabei, dass ich manchmal so lebe, als wäre mein Leben ähnlich wie ein Wecker. Programmierbar. Ich spule meine Lebenszeit vor oder zurück. Bin in Gedanken im Gestern oder im Morgen.

Klar, ich muss im Alltag Termine machen. Viele liegen erst in der Zukunft oder haben mit Zukunft zu tun. Der Kontrolltermin beim Zahnarzt, das Treffen mit der Freundin, die Mitarbeitersitzung im Ehrenamt, das Telefonat mit der Lektorin – alles wichtig und richtig. Aber gelingt mir anschließend der Sprung zurück in mein *Jetzt*?

Vielleicht kommt dann noch mein Handy mit ins Spiel. Im Handumdrehen ermöglicht es mir, auch noch im Leben anderer hin und her zu springen. Was, die Silke war vor zwei Tagen wandern in der Rhön? Tolle Fotos hat die geschossen! Und der Tom plant ein digitales Event zum Thema »Konfliktgespräche führen« – das findet nächsten Monat statt. Cool! Ich sollte mich unbedingt anmelden, das passt gerade sehr gut rein!. Aus Australien gibt es ein neues Update zu ihren politischen Entscheidungen bezüglich Covid-19.

Schwups, ehe ich mich versehe, ist es auch der digitalen Welt mal wieder gelungen, mich wegzulotsen. Sie zieht mich scheinbar magisch aus meinem eigenen Leben heraus. Und wo lande ich? Hier oder dort, eben woanders, aber nicht bei mir.

In welche Welten springst du gern? Wem »folgst« du, real oder digital?

Vom Pläneschmieden

Vielleicht kennst du dieses Gefühl: Pläneschmieden macht Spaß! Im Sommer wollen wir in den Urlaub. Das steht schon mal fest. Sonntags mal eben gute Freunde im nahe gelegenen Bundesland treffen? Kein Problem. In den Freizeitpark mit den Kids? Klar! Oder die Kinder an ihrem Studienort besuchen? Gern richten wir uns das ein. Und den nächsten beruflichen Auswärtstermin? Den nehmen wir mit Kusshand an.

Wir sind doch die Königinnen unserer Terminkalender! Selbstständig. Souverän.

Unsere Selbstverständlichkeiten sind nicht mehr selbstverständlich.

Frei. Unabhängig. Vielleicht sogar ein bisschen allmächtig? Selbstverständlich haben wir auch um Gottes Segen gebeten. Gerechnet haben wir oft aber damit, dass unsere Pläne durchführbar sind und gelingen.

Während ich an diesem Kapitel schreibe, sind wir mitten in der dritten Welle der Coronakrise. Sie hat neben vielem anderen auch den Umgang mit der Zeit verändert. Sie schlägt uns viele wohlbekannte und geliebte Freiheiten aus der Hand.

Plötzlich macht Pläneschmieden keinen Spaß mehr. Unsere Selbstverständlichkeiten sind nicht mehr selbstverständlich. Wir müssen Termine verschieben oder gar absagen. Immer und immer wieder. Schmerzhaft spüren wir unsere Begrenzungen. Wir sind schon lange nicht mehr Herren (oder Frauen) unserer Zeit. Für viele von uns ist das in diesem Ausmaß Neuland.

 Welche zeitlichen Freiheiten hat dir die Coronakrise genommen?

Im Jakobusbrief können wir lesen: »Passt auf, wenn ihr behauptet: ›Heute oder morgen werden wir in eine bestimmte Stadt gehen und ein Jahr dort bleiben. Wir werden dort Geschäfte machen und Gewinne erzielen.‹ Woher wollt ihr wissen, was morgen sein wird? Euer Leben gleicht doch dem Nebel am Morgen – schon nach kurzer Zeit ist er wieder verschwunden. Stattdessen solltet ihr sagen: ›Wenn der Herr es will, werden wir leben und dieses oder jenes tun.‹ Nun aber seid ihr stolz auf eure eigenen Pläne. Doch solche Angeberei ist durch und durch schlecht« (Jakobus 4,13-16).

Tägliche Abhängigkeit von Gott.

Vom Autor des Jakobusbriefes lässt sich lernen: Gott gehört unsere Zeit. Nicht nur in der frommen Theorie, sondern auch im täglichen Leben!

Pläne? Können wir machen, aber immer nur »unter seiner Herrschaft«. Also auch in dem Wissen, dass die Pläne sich vielleicht ändern sollen oder können, wenn es aus Gottes Sicht gut ist. Tägliche Abhängigkeit von ihm. Gar nicht so einfach für uns, die wir gern selbstbestimmt leben wollen. Und manchmal darüber den jetzigen Augenblick nicht mehr zu schätzen wissen.

Opa Karl – zu Hause im *Heute*

Ich denke zurück an meinen Großvater. Aufgewachsen ist er in einem nordhessischen Dorf. Später hat er sein ganzes Leben in einer nahe gelegenen Kleinstadt verbracht. Was für ein kleiner Radius! Nur selten hat er diesen verlassen. Er war immer zufrieden in seinem überschaubaren Leben. Fühlte sich nicht begrenzt oder eingeschränkt. Er kannte es nicht anders. Und er schien auch nichts zu vermissen.

What? Wie bitte? Das ganze Leben in einer Kleinstadt verbringen? Keine großen Pläne, keine Reisen, wenige Besuche? Wo waren denn seine Highlights? Kannte er überhaupt Genussmomente?

Die Antwort ist schlicht und ergreifend: Ja – und ob! Seine Highlights fand er in seinem Heute. Dort füllte er sein Leben positiv aus. Er war gar nicht auf der Suche nach mehr, nach anderem, nach morgen oder übermorgen.

> So viel Erfüllung im ganz banalen Alltag!

Ich sehe ihn vor mir, wie er nach zwei Stunden harter Gartenarbeit oder anstrengendem Holzsägen seine Pause genoss. Mit Bedacht schälte er einen selbst gepflückten Apfel, schmeckte die köstliche Sorte, wischte sich den Schweiß von der Stirn und schaute umher. Er sah, wie die Kartoffeln standen, die Herbstblumen leuchteten, die Katze in der Sonne lag. Zufrieden lächelte er vor sich hin. Mit einem Mal hatte der sonst so schweigsame Mann einen humorvollen Satz auf den Lippen. Er feierte seine Pause.

Und anschließend? War er wieder ganz bei der Sache und arbeitete »im Schweiße seines Angesichts«. Wow! So viel Erfüllung im ganz banalen Alltag! Das muss man erst mal nachmachen. Damit meine ich nicht sein beschauliches Kleinstadtleben oder das enorme körperliche Pensum, das er auch im Alter mühelos bewältigte. Ich meine damit seine Fähigkeit, im Augenblick sein zu können. Das war seine große Kraftquelle!

Codewort *now*

Wie aber meistern *wir* unsere Herausforderungen im Umgang mit der Zeit? Sollen wir etwa den Terminkalender auflösen? Das Handy weglassen? Ein Aussteigerleben in dörflichem Milieu beginnen, damit wir mehr im Heute ankommen? Das mag in unseren Ohren eher nach utopischen Vorschlägen klingen.

Eine Lösung aber kann in der Konzentration liegen. Darunter versteht man die »willentliche Fokussierung der Aufmerksamkeit auf eine bestimmte Tätigkeit«[54]. Es ist genau das, was Opa Karl beherrschte und was seinem Leben manches Glück verlieh. Ich meine, es ist eine entscheidende Hilfe, um ganz im Hier und Heute zu sein.

Einfach Fokus auf jetzt und hier. Mehr nicht.

Diese Fähigkeit durfte ich zum zweiten Mal im Zusammensein mit meiner früheren Therapeutin erschnuppern. Ich merkte sehr schnell, dass diese Frau viele Aufgaben zu bewältigen hatte. Damals war sie ehrenamtlich in einer Frauenarbeit und beruflich als Psychotherapeutin tätig. Auch privat gab es zahlreiche Connections. Die logische Folge? Ein gefüllter Alltag mit viele Kontakten, Absprachen, Telefonaten, Mails.

Das erfuhr ich nicht dadurch, dass sie darüber gestöhnt hätte. Im Gegenteil. Ich bekam es einfach so nebenher mit. Und dennoch schaffte es diese Frau, ganz da zu sein, wenn ich zu einem Gespräch mit ihr verabredet war. Es gab dann nur mich und meine Fragen. Sonst nichts. Kein Gedanke daran, was nachher noch für andere erledigt oder was in den nächsten Wochen und Monaten mit mir noch erarbeitet werden müsste. Einfach Fokus auf mich. Heute. Jetzt und hier. Mehr nicht.

Ich fand dort Konzentration. Wachheit. Augenblicksliebe. Diese Einstellung, über die wir nie miteinander gesprochen haben, hat mich ganz tief geprägt. Sie hat mein Inneres verändert. Das habe ich erst einige Jahre später erkannt.

Und diese Umprägung hatte ich nötig. Denn wie lebte ich des Öfteren? Ich erkannte vor vielen Jahren innere und äußere Unruhe in mir. In meinem Alltag zeigte sich das beispielsweise daran, dass ich immer mal wieder schnell etwas »dazwischen«-schieben wollte – beispielsweise nur noch kurz die Mails checken oder die Textnachricht beantworten. Schlimmstenfalls dabei noch auf der Stuhlkante hocken oder gar im Stehen lostippen. Oder mal eben schnell die Waschmaschine anstellen, obwohl ich eigentlich gerade etwas anderes erledigen wollte. Oder ...

Das Codewort heißt: now.

So manche von uns kennen das, denke ich. Extrem empfinde ich die Sprachnachrichten, die jemand auf dem Weg zum Bus oder zur Arbeit aufgesprochen hat. Das Keuchen und die Atemlosigkeit werden gleich mitgeliefert. Manche Frau fliegt scheinbar durch ihre Tage. Dabei gehört uns nur eines: Es ist der Augenblick! Diese jetzige Minute. Der Satz, den ich tippe, der Mensch, dem ich zuhöre, oder die Wäsche, die ich wasche. Das genau ist jetzt dran. Dieses eine kann ich achten und wertschätzen.

Wie also meistern wir die Herausforderungen im Umgang mit der Zeit? Durch Genuss der Gegenwart. Wer die Gegenwart auskostet, der hat in der Zukunft eine wertvolle Vergangenheit. Das Codewort heißt: *now* – jetzt.

 Was schiebst du gern »dazwischen«?

ACHTSAMKEITSÜBUNG FÜR STARTER
Wenn du deine Augenblicksliebe vertiefen möchtest, dann frag dich ab und an: Was sehe, höre, schmecke, rieche oder fühle ich gerade?
Das ist eine kostbare Übung. Sie lehrt, das kleine Wörtchen *now* zu leben.

Voll da – ganz weg: Augenblicksliebe als Coronageschenk

Zugegeben, Achtsamkeit im Alltag ist für uns Aktive eine riesengroße Herausforderung. Denn viele von uns Lehrerinnen, Therapeutinnen, Referentinnen, Landwirtinnen, Müttern, Künstlerinnen, Studentinnen, Bestatterinnen, Pastorinnen, Autorinnen u. a. haben keine festgelegte Arbeitszeit. Unsere Herausforderung besteht darin, uns in vielem selbst den Rahmen geben zu müssen. Manches soll »schnell laufen« oder es ufert bei uns aus, stimmt's? Von praktischen Ideen zur Fokussierung war in diesem Buch bereits die Rede (Beispiel: *Vision Days*). Hier geht es jetzt weniger darum, wie ich mich organisiere, um mein Heute gut zu schaffen. Vielmehr geht es um meine innere Einstellung zu meiner Arbeit, ja, zu meinem ganzen Leben. Kann ich im Jetzt »versinken« wie Opa Karl? Ich glaube nämlich, dass jede von uns das lernen oder sich zurückerobern kann. Sowohl für den Alltag als auch für die Freizeit.

> Kann ich im Jetzt »versinken«?

Sicher beklagen wir zu Recht, was die Coronakrise uns zu verschiedenen Zeiten alles genommen hat. Sie hat uns aber auch einige Chancen verschafft. Wer wollte, konnte lernen, den Augenblick zu schätzen, die jetzige Mahlzeit, den heutigen Tag. Es wurde vielleicht mit Bedacht gekocht, in Ruhe der Gartenzaun gestrichen, mit Interesse die Zeitung gelesen. Mit einem Mal versanken wir in dicken Büchern und vergaßen darüber die Zeit. Oder wir verquatschten uns mit unserem Partner beim Abendessen, weil kein Termin wartete. Oder belebten unsere eheliche Sexualität. Oder lernten die Umgebung besser kennen. Oder waren im Homeoffice weniger abgelenkt (falls nicht kleine Kids zu betreuen waren).

Neben unserem Jammern auf hohem Niveau gaben viele Aktive ehrlich zu, dass sie die Entschleunigung und Konzentration genießen konnten.

Was würde wegfallen, wenn wir uns diese Fähigkeiten hinüberretten für die Zeit »nach Corona«? Es wären Rastlosigkeit, Unruhe und Sprunghaftigkeit. Stattdessen könnten wir mehr Ruhe, Konzentration und Augenblicksliebe gewinnen. Na, wenn das nicht verlockend ist!

 Was hat die Pandemie dir persönlich bisher geschenkt?

Der Vater sorgt für die Vögel, die Lilien und dich

Erneut fasziniert mich, was Jesus zu sagen hat: »Deshalb sorgt euch nicht um morgen, denn jeder Tag bringt seine eigenen Belastungen. Die Sorgen von heute sind für heute genug« (Matthäus 6,34). Was für eine glasklare Tagesermutigung! Jesus steckt den kleinen Rahmen von vierundzwanzig Stunden ab. Er möchte unsere »Sorgen«, unsere Alltagsbelastungen begrenzen.

Jesus gönnt uns Sorgenfreiheit.

Das tut er nicht, um uns zu bevormunden. Nach dem Motto: »Mehr überblickst du nicht.« Nein, er tut es, um unsere Seele von Ballast zu befreien. Er gönnt uns Sorgenfreiheit. Er steht für das gute, kleine Maß!

Wie haben wir uns als Eltern den Kindern gegenüber verhalten? Besonders an den Tagen, wenn unsere Kids sich überfordert fühlten – vielleicht von den Matheaufgaben, dem neuen Flötenstück oder dem Chaos im Kinderzimmer? Auch wir haben unseren Kindern manche Sorge begrenzt, als sie klein waren.

Fürsorge für einen Tag. Nicht für mehr.

Ganz in dem Bewusstsein: Wir haben den Überblick, tragen die Verantwortung und entlasten unsere kleinen Kinder. »Diesen Merksatz kannst du heute lernen, dieses kurze Stück üben oder dieses Regal aufräumen. Mehr brauchst du nicht zu tun.«

Ich gebe zu, dass ich das als jüngere Mutter nicht sehr gut konnte, Gott sei es gedankt aber später gelernt habe, meine Kinder angemessener zu entlasten. Ähnlich begrenzt Jesus auch unsere Alltagsherausforderungen auf vierundzwanzig überschaubare Stunden.

Im Vaterunser, im selben Kapitel des Matthäusevangeliums, lädt er uns dazu ein, heute um unser tägliches Brot zu bitten. Fürsorge für einen Tag. Nicht für mehr. Damals, zur Zeit Jesu, war das eine alltägliche Erfahrung: Tagelöhner sein, einen Tag Arbeit bekommen und damit auch den Lohn oder das Brot für den heutigen Tag. Unsere Lebenswirklichkeit ist anders: Vieles ist für uns vorhersehbar, planbar, gestaltbar.

Aber obwohl das schön und manchmal sogar entlastend sein kann, sind wir ja oft in unserem Wesen nicht sorgloser als die Menschen zur Zeit Jesu. Von daher ist die Einladung, heute um unser tägliches Brot zu bitten oder uns auf unsere vierundzwanzig Stunden zu beschränken, immer noch befreiend, wohltuend, entspannend – auch für uns Menschen des 21. Jahrhunderts.

Wieso war es Jesus so wichtig, uns das Heute lieb zu machen? Ich ahne, dass er uns Wesentliches ins Stammbuch schreiben möchte: »Ihr dürft sorglos sein! Ihr braucht nicht ›alles‹ zu berechnen oder zu planen. Ihr könnt loslassen.«

»Ihr könnt loslassen.«

Das kindliche, unbeschwerte, tiefe Vertrauen in Gottes Fürsorge ist die Grundlage, um im Augenblick zu leben. »Wenn sich Gott so wunderbar um die Blumen kümmert, die heute verblühen und schon morgen wieder verwelkt sind, wie viel mehr kümmert er sich dann um euch« (Matthäus 6,30).

Es geht also um eine tief verwurzelte Lebenshaltung. Voll entspannt. Sicher geborgen. Jesus hat sich genau so auf seinen Vater im Himmel verlassen. Diese tief greifende Geborgenheit wünscht er uns. Der Vater sorgt für die Vögel, die Lilien und mich! Der Vater sorgt für die Vögel, die Lilien und dich! Wunderbar! Das darf unseren Alltag bestimmen, egal, was gerade los ist.

Wie kommt es, dass Jesus uns zu dieser Sorglosigkeit im Heute einladen kann? Weil nur einem Einzigen die Zukunft gehört, nämlich ihm!

> **SORGLOSIGKEITSGEBET**
> Gönn dir jetzt einen heiligen Moment, in dem Gott dir zusprechen kann: »Ich sehe dich! Für dich ist gesorgt!«

Im Gottmoment scheint die Zeit stillzustehen

Auch noch in anderem Zusammenhang hat Jesus betont, wie wichtig ihm das Heute ist. Es geht ihm nicht nur um Sorglosigkeit und Begrenzung der Lasten, es geht ihm auch um den wichtigen Augenblick der Begegnung mit ihm.

Manchmal ragt die Ewigkeit in unser Heute.

Wir Menschen erleben »Zeit« manchmal schmerzhaft als flüchtig. Sie rinnt uns scheinbar unter den Fingern weg. Selbst eines meiner Kinder, logischerweise deutlich jünger als ich, sagt manchmal zu mir: »Wie ist die Zeit wieder schnell vergangen, es war doch eben erst Silvester.« Wir freuen uns zwar sehr über viel Positives, das wir erleben durften, aber spüren eben auch die Schnelllebigkeit.

Manchmal aber ragt die Ewigkeit in unser Heute: Das geschieht immer dort, wo Menschen einen besonderen Gottmoment erleben. Die Zeit stand sozusagen still, als die Hirten in Lukas 2 die Botschaft von der Geburt von Jesus erfuhren. Das galt auch für Zachäus.»›Zachäus‹, sagte er [Jesus], ›komm schnell herunter! Denn ich muss heute Gast in deinem Haus sein‹« (Lukas 19,5). Und erst recht für den Verbrecher am Kreuz, dessen Leben innerhalb von Sekunden eine enorme Wende nahm (Lukas 23,40-43).

Wir selbst kennen es vielleicht aus dem eigenen Leben: Erlebnisse mit Gott – und unsere Zeit steht scheinbar still. Wir vergessen alles andere, weil Unglaubliches geschieht. Heil und Segen kommen in unser Leben. Da wird das Heute plötzlich zu *dem* herausragenden Tag, weil der ewige Gott uns im Heute greifbar nahekommt. Wunderschön ausgedrückt fand ich das in diesem Zitat: »Wenn aber das Ewige in das Zeitliche hineinragt, gewinnt der Mensch sein Heute zurück.«[55]

Im Heute liegt oft der *Kairos*[56] Gottes, der wesentliche Augenblick. Es ist gut, ihn zu ergreifen. Aufzumerken: Ich bin gemeint! Jetzt! Denn es besteht die Gefahr, ihn gar nicht wahrzunehmen. Andere Stimmen laut werden zu lassen, die das Reden von Jesus wieder klein machen oder ersticken –, und ihn damit zu verpassen. Das wäre tragisch.

> Im Heute liegt oft der Kairos Gottes.

Der Hebräerbrief hat diesen Gedanken aufgenommen, damit wir Christinnen die leise Stimme des Heiligen Geistes beachten. Zeitnah. »Deshalb spricht der Heilige Geist: ›Heute sollt ihr auf seine Stimme hören. Verschließt eure Herzen nicht gegen ihn, wie die Israeliten es taten, als sie sich auflehnten am Tag der Versuchung in der Wüste‹« (Hebräer 3,7-8).

Ich selbst kenne solche Gottmomente. Für mich waren es bisher Highlights in meinem Leben, die alles andere unwichtig erscheinen ließen und die Zeit praktisch außer Kraft gesetzt haben. Sei bereit dafür, dass *heute* vielleicht ein Gottmoment sein kann.

> **KAIROSGEBET**
> »Herr, ich möchte bereit sein für meinen nächsten Gottmoment. Lass mich dann still stehen vor dir!«

Konzentration bei Jesus

Jesus hat nicht nur wertschätzend vom Heute gesprochen. Er hat auch gelebt, wozu er einlud.
Viele neutestamentliche Szenen beschreiben ihn fokussiert auf einzelne Menschen: auf die Frau mit starken Blutungen, auf Nikodemus, Martha, Petrus ... Mit jedem Einzelnen ist er in ein persönliches Gespräch vertieft. Sein Gegenüber ist der Mensch, um den es geht. Ansonsten zählt gerade nichts. Keine Eile oder Unruhe, kein Abschweifen. Stattdessen Konzentration, Wachheit, Augenblicksliebe.
Ähnlich konkret und zeitnah verhielt Jesus sich bei den Sabbat-Heilungen. Kein Wort davon, dass man sie auch auf morgen verschieben könne. Nein, *heute* wird geheilt. Obwohl Jesus damit nicht auf Begeisterung vonseiten seiner gesetzestreuen Umgebung stieß. Für ihn aber war jetzt der Moment, das Reich Gottes sichtbar werden zu lassen.

> Jesus hat dem Heute eine besondere Bedeutung gegeben.

Jesus hat also dem Heute eine besondere Bedeutung gegeben und verstand es auch selbst, achtsam mit seinem Heute umzugehen.

Es gibt natürlich noch andere biblische Zeitbegriffe, die wesentlich sind, beispielsweise das Warten. Der Ausblick auf eine Zukunft mit und bei Gott kann eine wunderbar beflügelnde Hoffnung sein (siehe Kapitel 2). Als Christinnen leben wir auf etwas hin, was bisher noch nicht sichtbar geworden ist. Dennoch wird es uns guttun, uns Tools anzueignen, die uns mehr im Heute ankommen lassen.

Tools für das Leben im Heute

Im Coronajahr 2020 habe ich mir etwas Besonderes gegönnt: Ich habe mit unterschiedlichen Leiterinnen und Leitern tief gehende Gespräche geführt. Wir haben uns zum Telefonieren oder Skypen verabredet. Meine Idee dabei? Fragen, die mir unter den Nägeln brennen, mit Menschen unterschiedlichen Alters zu teilen. Eine meiner Fragen hatte genau dies zum Thema: »Wie schaffst du es, im Heute zu leben trotz vieler Termine und Planungen?« Ich fand es sehr spannend, wie andere sich darin üben. Und siehe da: Wir landeten übereinstimmend bei einigen Tools wie Spielen und Danken.

> Wie schaffst du es, im Heute zu leben?

Alles Spielerische bringt in die Gegenwart

Wir können uns verschiedene spielerische Erfahrungen gönnen: mit Brettspielen (wie Kniffel oder Carcassonne), in sportlichen Spielen (wie Minigolf oder Basketball), in der Sexualität, in künstlerischer oder musikalischer Betätigung, auch im Zusammenspiel mit anderen Musikern (in Bands oder Laienorchestern). Warwitz beschreibt treffend: »Urbild des Menschen im Flow ist das spielende Kind, das sich im glückseligen Zustand des totalen Bei-sich-Seins befindet.«[57]

Dieses »Bei-sich-Sein« bedeutet, ganz im Jetzt aufzugehen. Wir Erwachsenen können uns das aus unserer Kinderzeit herüberretten oder es uns im Erwachsenenalter erobern bzw. zurückerobern und weiterentwickeln. Im Spiel sind wir sorglos, unbeschwert und ganz im Heute. Wunderbar!

Vom Comedian Otto ist das folgende Wort bekannt: »Malen und Zeichnen macht mir Spaß. Das ist Meditation, genau wie das Gitarrespielen: Nix denken – versenken.«[58] Wow, das klingt nach Glück und Gelassenheit.

Die Bibel kennt das Spielerische im Zusammenhang mit der Weisheit Gottes. So heißt es in Sprüche 8,30-31: »Ich war seine [Gottes] Freude Tag für Tag und genoss zu jeder Zeit seine Gegenwart. Ich spielte auf der Erde und freute mich über die Menschen!«

 Welches »Spiel« liegt dir und hat Raum in deinem Leben?

Versinken bringt in die Gegenwart

Nun hat der Mensch nicht immer Zeit zum »Spielen«. Und glücklicherweise kann man auch in anderen Tätigkeiten versinken. Was hat es eigentlich mit dem sogenannten *Flow* auf sich?

»*Flow* (englisch für ›fließen, rinnen, strömen‹) bezeichnet das als beglückend erlebte Gefühl eines mentalen Zustandes völliger Vertiefung (Konzentration) und restlosen Aufgehens in einer Tätigkeit (›Absorption‹), die wie von selbst vor sich geht – auf Deutsch in etwa Schaffens- bzw. Tätigkeitsrausch oder auch Funktionslust. Der Glücksforscher Mihály Csíkszentmihályi (1934-2021) gilt als Schöpfer der Flow-Theorie, die er aus der Beobachtung verschiedener Lebensbereiche [...] entwickelte [...].«[59]

Mihály Csíkszentmihályi hat das Phänomen des Flows also über das Spiel hinaus erkannt und beschrieben. Das bedeutet, dass auch arbeitende Menschen in eine Weltvergessenheit finden können, beispielsweise Bastler und Tüftler in einer Werkstatt oder Wissenschaftler während ihrer Forschungen oder Schriftsteller und Künstler in ihrer kreativen Arbeit. Manche erleben ein Flow-Gefühl beim Computerspielen oder Programmieren, andere in der Natur oder auf Reisen beim Betrachten von herausragender Schönheit. Wieder andere erreichen dies beispielsweise beim Tanzen, beim Motorradfahren oder bei Entspannungsübungen.

Du ahnst es schon: Ich habe das unverschämte Glück, beim Schreiben dieses Buches versinken zu dürfen. Ich bin voll konzentriert, selbst- und zeitvergessen. Eine wunderschöne Aufgabe! Zwar manchmal anstrengend, aber oft richtig »flowig«.

Flow ist ein Zustand und keine Technik. Er kann am leichtesten erreicht werden, wenn wir weder durch irgendeine Form von Stress überfordert noch gelangweilt sind, beispielsweise durch zu viel Routine.

Kennst du Flow-Erfahrungen? Bietet dir dein Alltag Chancen, in den Flow zu kommen?

Bauchatmung bringt in die Gegenwart

Mir persönlich hilft die tiefe Bauchatmung, um bewusst im Jetzt anzukommen. In Kapitel 3 habe ich bereits eine schöne Übung vorgestellt (Bauchatmung kombiniert mit dem Herzensgebet). Das Schöne an der tiefen Bauchatmung ist: Wir können sie jederzeit als kurze Erholungspause in unseren Alltag einfügen. Wir können sie sitzend, stehend oder liegend ausführen. Sie beruhigt unsere Gedanken und hilft uns, uns auf unseren Körper zu fokussieren. Und so landen wir automatisch im Heute.

Achtsamkeitsübungen bringen in die Gegenwart

In der Schmerztherapie und der Prophylaxe von Erschöpfungszuständen gibt es den Begriff der Achtsamkeit. Aber auch gesunde Menschen können sehr von Achtsamkeitsübungen profitieren, denn Achtsamkeit entspannt und bringt bewusst ins Heute.[60] Hier ein wirksames Ritual, das nur wenige Sekunden dauern wird:

> **ATEMZUG**
>
> Lehn dich nach jeder gelesenen und beantworteten Mail/Kurznachricht bewusst im Stuhl zurück und gönn dir einen tiefen Atemzug.

> **ACHTSAMKEITSÜBUNG**
> Recke und strecke dich zehn bis fünfzehn Sekunden am offenen Fenster oder auf der Terrasse. Wie fühlst du dich gerade?

Danken bringt in die Gegenwart

Es gibt Tagebücher, die momentan sehr boomen. Sie regen dazu an, Danken als Tagesritual zu pflegen: morgens auf der Bettkante oder am Frühstückstisch danken für das, was uns heute bereits geschenkt ist (wie Wärme, Essen, Freunde, Glauben, Identität als Tochter Gottes ...). Abends auf der Bettkante einfach noch mal den Tag Revue passieren lassen und das notieren, wofür wir heute dankbar sind (zusammen mit Gott zurückblicken auf die vierundzwanzig Stunden, die er uns anvertraut hat).

Dadurch sind wir noch mal im Heute und trainieren außerdem den persönlichen Dankes-Muskel, was erwiesenermaßen sehr gesundheitsförderlich ist. Es gibt wertvoll gestaltete Bücher, mit denen wir uns im Danken üben können. Natürlich kann man auch ein eigenes Tagebuch mit individuellen Fragen nutzen. Wer Schreiben nicht mag, kann sich einfach ein paar Dankgedanken zum Tagesschluss gönnen. Ein wertvolles Ritual, das viel schenkt.[61]

> **DANKBARKEITSGLAS**
>
> Stell dir ein schönes Glas auf deine Fensterbank. Sammle deine Dankbarkeitsmomente auf kleinen Zetteln, und öffne dein Glas am Erntedanktag, um den ganzen Segen noch mal zu lesen.

Wir merken: Einige vorgestellte Tools benötigen sehr wenig Zeit und lassen sich wunderbar in den Alltag integrieren.

Aufmerksamkeitskiller entlarven

Heißt das nun, dass für mich alle Probleme rund um die begehrte Aufmerksamkeit ein für alle Mal gelöst sind? Dass ich immer im Heute lebe und nie abschweife? Sicher nicht. Denn da gibt es trotz all der guten Tools die Aufmerksamkeits-Killer, die sich im eigenen Leben gerne zu Wort melden. Meine beiden heißen auf jeden Fall Kopfkino und Mails.

Kopfkino aufräumen (mit Trello-Board)

Bereits am Anfang dieses Buches ist deutlich geworden, dass in meinem Kopf immer etwas los ist. Jedenfalls häufig. Oft sind das Gedankensplitter, die mich eben wieder aus dem Heute rausreißen: »Oh, du hast ja Michael noch gar nicht geantwortet! Aus dem Gartenteich müssen Algen entfernt werden. Wir brauchen wieder neue Blumenerde. Das Geburtstagsgeschenk für Lisanne fehlt noch ...«

Mir hilft es, diese 99 Kleinigkeiten zeitnah zu notieren. Das entlastet mich und lässt mich immer wieder im Heute ankommen. Besonders hilfreich für mich ist das sogenannte Trello-Board[62]. Es bietet auf dem eigenen Rechner eine gute Übersicht, um Dinge organisieren zu können. Dort notieren wir Wendels alles, was in Haus und Garten gemacht werden muss. Jeder von uns hat Zugriff darauf. Seit wir das tun, ist Schluss mit umherfliegenden To-do-Listen und übermäßigen Sorgen im eigenen Kopf.

(Anmerkung am Rande: Wir haben uns dort auch eine Rubrik eingerichtet, in die wir unsere ganz aktuellen, superdringenden To-dos schieben können. Weil sich bei uns leider insgesamt eine Menge anstaut, was gemacht werden könnte, wird es auf diese Weise nie zu viel. Denn ich habe mir angewöhnt, dass in der aktuellen Rubrik nicht mehr als vier Pflichten gleichzeitig stehen dürfen.)

Mail-Zeiten festlegen: Wann ist heute meine Zeit dafür?

Auch Mails und Kurznachrichten wollen um meine Aufmerksamkeit kämpfen. Ich kenne diesen spontanen Gedanken: »Ach, du könntest ja jetzt mal eben deine Mails checken oder gar deine Chats auf dem Handy.« Und manchmal ertappe ich mich dabei, dass ich das, was ich beantworten wollte, gar nicht schreibe. Stattdessen reagiere ich auf andere Anfragen.

Mittlerweile habe ich mir angewöhnt, morgens zu überlegen, welche feste Zeit ich für meine Mails oder Chats einplanen möchte. Das hilft mir, mich nicht zu verzetteln und konzentrierter zu sein.

Weitere Aufmerksamkeitskiller können sein: ausufernde Trödeleien mit Zeitschrift oder TV, spontan dazwischengeschobene Haushaltspflichten ...

 **Kennst du deine Aufmerksamkeitskiller?**

Aufmerksamkeitskiller zu entlarven, kostet zugegebenermaßen Disziplin. Aber es schenkt mir weit mehr: Konzentration, Wachheit, Augenblicksliebe – und das Gefühl, Gestalterin meines Lebens zu sein. »Levitin [ein amerikanischer Neurowissenschaftler] argumentiert, dass proaktive regelmäßige Aufräumarbeiten im eigenen Kopf (und um einen herum) den Raum schaffen, den man für Kreativität und den so begehrten hoch konzentrierten Flow-Zustand braucht.«[63] Aus diesem Grund räume ich so gerne meinen Kopf und mein Zuhause auf.

Vorarbeit fürs Heute: »Gestern« aufräumen

Eine Einschränkung ist mir noch wichtig: Es kann Zeiten im persönlichen Leben geben, da geht es nicht ums Heute, sondern ums Gestern. Denn nur wer sein Gestern wirklich aufräumen konnte, wird zu einem glückseligen Leben im Heute fähig sein. Auch ich kenne diese Zeiten, in denen ich mich um mein Gestern kümmern musste. Bei mir war das die zeitintensive Auseinandersetzung mit meiner früheren psychosomatischen Erkrankung.

Es kann Zeiten geben, in denen die Rückschau wichtig ist.

Es kann also Monate oder Jahre geben, in denen die Rückschau wichtig ist. Vielleicht steckst du gerade in einer solchen Phase? Du setzt dich mit deinem Gewordensein, mit deiner Herkunft, mit gesundheitlichen Problemen (wie psychosomatischen Beschwerden, Erschöpfungszuständen, Ängsten) auseinander? Dann lass dich durch dieses Kapitel ermutigen: Das wird nicht so bleiben. Irgendwann wirst du die Vergangenheit ruhen lassen können und dann wartet auf dich dein wunderschönes Heute.

Lass dich locken! Freu dich vor! In Prediger 3 werden wir dazu ermutigt, bestimmte Zeiten so sein zu lassen, wie sie eben sind. Manchmal ist es Zeit, das Gestern aufzuräumen, um irgendwann im Heute anzukommen.

Achtsam und zufrieden im Heute

Magst du mit mir noch mal innerlich zurückgehen in meine Ferienwohnung? Am Anfang dieses Buches hatte ich von meinem Lebenshunger erzählt, von Hoffnungen und Sehnsüchten. Oh ja, ich kenne diese Gedanken und Gefühle immer noch sehr gut.

> Jesus möchte uns helfen, täglich unser Maß zu finden.

Ich spüre mittlerweile aber auch anderes: Wir können ja loslassen. Den unbändigen, ausufernden Tageshunger nach was auch immer. Wenn wir im Heute manches Glück zu fassen kriegen, wird unser »Hunger« weniger werden. Stattdessen werden wir mehr Alltagsglück erleben. Konzentration, Wachheit, Augenblicksliebe entsteht. Wir sind bei der Sache. Wir erleben Glück, Freude, Erfüllung.

Jesus möchte uns helfen, täglich unser Maß zu finden. Das befriedet unruhige Seelen. Das Codewort heißt *now* – heute ist dein Tag!

6. GENUSSVOLLER IM ALLTAG

Waldbaden im Elisenhain

Wir sitzen auf einer Lichtung am Rande des Elisenhains. Das ist ein größerer Wald in der Nähe von Greifswald. Ein üppiges Kornfeld liegt vor uns, umgrenzt wird es von Buchenwäldern, die jetzt im Juni in voller Kraft stehen. Über uns ein spannendes Wolkenspiel, in dem sich durch ein paar dunkle Regenwolken immer wieder die Sonne hindurchschiebt. Es ist sommerlich warm, wunderschön angenehm.

Unter uns ein von der Sonne vorgewärmter Baumstumpf, auf dem wir sitzen, und um uns herum herrliche Stille. Nichts ist zu hören außer einigen Vogelstimmen. Ich sitze sorglos und unbeschwert neben meinem Besten und unserem Sohn. Wohltuendes Schweigen, nur hier und da mal ein Wort. Was für ein schöner Augenblick! Und nun werden wir als Sahnehäubchen noch den Kuchen auspacken, den ich bei meinem dortigen Lieblings-Dorfbäcker erstanden habe: Rhabarber-Hefekuchen. Ein Gedicht!

Außer für den Kuchen habe ich für diese wunderschönen Stunden nichts bezahlt. Und nun kann ich einfach nur genießen: Schönheit, Wärme, Stille, Natur, Ruhe, Sorglosigkeit, Zeitlosigkeit, Frieden, Gemeinschaft, Leckereien. Ach, ist das schön! Ich bin komplett tiefenentspannt.

> Was für ein schöner Augenblick!

 Was hast du in den letzten vierundzwanzig Stunden so richtig genossen?

Genießen will gelernt sein

Was sich für mich dort im Elisenhain so wunderschön anfühlte und was sich so entspannt lesen lässt, war für mich nicht immer so einfach zu leben. Im Gegenteil. Auch vor vielen Jahren bin ich bereits ab und an im Wald unterwegs gewesen. Ich habe nur nicht so viel davon gehabt. Denn meistens schoben sich Pflichten, Anforderungen, Sorgen nach vorne und verdunkelten meine Gedanken. Sie ergriffen Besitz von mir, und ich habe sie gewähren lassen.

Oder mich beherrschte meine damalige tief in mir verbuddelte Lebensunzufriedenheit. Wie schade. Hauptsächlich für mich, aber leider auch manchmal für meine Lieben. Denn es war sicherlich nicht einfach, sich neben einem eher angespannten Menschen zu entspannen. Ein Dank an meinen Besten für seine Nachsicht mit mir.

> Grübelei war einer meiner Stolpersteine.

Grübelei war also einer meiner Stolpersteine auf dem Weg zur Genussfähigkeit.

Ein anderer dieser Stolpersteine: Ich war früher notorisch unentschlossen. Es fiel mir unglaublich schwer, mich für eine Sache zu entscheiden und sie dann auch wirklich zu genießen: Wäre es nicht doch besser gewesen, den Ausflug nicht mitzumachen und zu Hause zu bleiben?

Schon viele Jahre bevor Instagram & Co. beeinflusste und zum Neid einlud, hatte ich das Gefühl, andere haben das bessere Leben und mehr Genuss. Das Gras ist woanders grüner, oder?

 **Was lenkt dich manchmal vom Genießen ab?**

Wir leben in einem Land, das eigentlich ständig zur Entspannung einlädt. Da gibt es das hochgepriesene Wochenende (Endlich Freitag!), attraktive Sport- und Freizeitmöglichkeiten, Genuss versprechende Lebensmittel, exotische Urlaubsreisen ... Yoga boomt, Meditationskurse sind *in*, Sabbaticals werden geplant, Therapien gemacht. Eigentlich müsste es uns also fantastisch gehen. Wir scheinen das alles zu brauchen, damit wir besser leben und auch mehr genießen können.

Aber es scheint dennoch nicht ganz so einfach zu sein mit dem Abschalten, Entspannen und Genießen. Jedenfalls kenne ich einige Frauen, die noch im Übemodus sind.

Hoppla! Stolpersteine auf dem Weg

In unserer persönlichen »Genuss-Biografie« kommen vielleicht manche von uns ganz schön ins Stolpern. Hoppla! Was versperrt denn da wieder den Weg?

Hier ein paar kleinere oder größere Brocken:

Stolperstein Leistungsdenken

Viele Frauen engagieren sich gerne. Familie, Ehrenamt, Beruf, Beziehungen, Haus und Garten – wir jonglieren und »spielen« mit unseren Bällen. Das ist gut so. Es ist sinnvoll. Es ist gesegnet. Es entspricht unserem Auftrag auf dieser Erde.

Manchmal verfolgt uns aber der Leistungsgedanke bis in unsere freie Zeit hinein. Es muss doch etwas dabei rumkommen, wenn wir Sport machen, Urlaub haben (siehe Vorwort), Menschen einladen, Sex haben, ein Spiel spielen! Muss es das? Freizeit muss uns auf Biegen und Brechen etwas schenken? Wir verspannen uns innerlich, wenn wir so denken. Haben große Erwartungen. Bauen Druck uns selbst gegenüber auf.

Manchmal verfolgt uns der Leistungsgedanke.

Auf meinem persönlichen Genuss-Eroberungsweg war dieser Impuls ein Augenöffner: Entspannung kommt von alleine! Einfach kommen lassen! Du kannst sie nicht machen. Nein, auf diesen tollen Gedanken bin ich leider nicht von alleine gekommen, sondern eine weise Frau hat ihn mir irgendwann mal mitgegeben.

Seit ich mit diesem Gedanken in meine freie Zeit starte, egal, wie kurz oder lang sie ist, weichen meine Verkrampfung und mein Leistungsanspruch. Dieser Spruch tut mir persönlich einfach gut. Neulich habe ich mir ein komplett freies Wochenende gegönnt. Ich habe mich vorgefreut und bin innerlich mit diesem Gedanken reingegangen. Konnte die Zeit dann so nehmen, wie sie kam. Es ging meinem Besten nicht gut, deshalb lief alles »ganz anders«, aber ich konnte meine Vorstellungen loslassen. Und die Entspannung kam.

AUGENÖFFNER

Beobachte in den kommenden Tagen deine Genussmomente. Schleicht sich irgendwo der Leistungsgedanke durch die Hintertür in dein Leben hinein?

> **ENTSPANNUNGSBUTTON**
> Nimm den Spruch »Genuss und Entspannung kommen von alleine« mit in deine Freizeit.

Stolperstein fehlende Vorbilder

Wie ich schon erzählt habe, konnte Opa Karl genießen. Aber er war einer der ganz wenigen Genießer, von denen ich mir früher etwas abgucken konnte. Damit stehe ich nicht alleine. Manche von uns mussten alte Prägungen und Einflüsse hinter sich lassen. Endlich merkten wir, dass uns etwas fehlte. So haben wir irgendwann begonnen, nach neuen Vorbildern zu suchen.

Für viele von uns ging das nicht auf Knopfdruck. Ja, es war teilweise zunächst mühsam, etwas Neues zu erobern. Uns etwas von echten Genießern »abzukupfern«. Aber es lohnt sich ungemein. So konnte ich beispielsweise von einer Freundin nach und nach lernen, mich der Zeitlosigkeit hinzugeben. Meine Rastlosigkeit loszulassen. Ruhe zu halten.

Kennst du Genießerinnen? Was lockt dich, wenn du an sie denkst?

Stolperstein *Fear of missing out*

Wir haben die Qual der Wahl. Nicht nur vor dem Regal im Supermarkt, sondern auch bei den Entspannungsangeboten. Während meine Großmutter am Feierabend vielleicht nur überschaubare drei Möglichkeiten hatte – lesen, spazieren gehen oder schlafen –, können wir alles Mögliche unternehmen. Eine schier endlose Auswahl steht uns zur Verfügung: Spaziergang am See oder im Wald machen, Treffen mit der Freundin, Tatort oder Netflix-Serie schauen, ins Fitnessstudio gehen, einen VHS-Kurs machen, Zeitung, Zeitschrift oder Buch lesen, *Bible Art Journaling* machen, ein Puzzle beginnen ...

Und, macht uns das automatisch glücklich? Oft leider nicht. Vor lauter Wahlmöglichkeiten spüren wir manchmal gar nicht mehr, was wir denn wirklich wollen oder brauchen. Wenn wir uns endlich glücklich entschieden haben, kriecht gleichzeitig oft die Angst in uns hoch, dennoch etwas Schönes, Befriedigendes, Wichtiges zu verpassen.[64]

Stolperstein Überlastung

Manchmal haben wir Genuss und Entspannung »eingeplant« oder uns spontan erlaubt – und dann merken wir: Es ist eigentlich zu spät dafür. Wir haben zu lange gewartet.

Ich selbst merke es beispielsweise daran, dass ich nicht mehr gut schlafen kann. Während andere sich bei größerer Erschöpfung einfach mal ausschlafen, sich genüsslich ihrem Bett hingeben, klappt das bei mir so nicht. Je weniger Schlafgenuss ich hatte, desto schlechter und kürzer schlafe ich. Ich kann mich also nur überlisten, indem ich häufig auf ausreichend Schlaf achte. Nur dann komme ich nicht in den Minusbereich.

Nicht nur der Schlaf kann durch Überlastung eingeschränkt sein. Auch andere Genussmomente »funktionieren« nicht mehr, wenn wir zu erschöpft, zu abgelenkt, zu überdreht sind.

Kennst du Warnlampen in deinem Leben, die ab und an aufleuchten? Sie wollen dich lehren, dem Genuss wieder mehr Stellenwert einzuräumen.

Stolperstein chronische Krankheit

Obwohl gerade chronisch kranke Menschen viel Entspannung und Genuss nötig haben, können sie diese oft nicht erleben. Schmerzen stehen im Vordergrund, Kräfte sind eingeschränkt, negative Gedanken belasten. Allesamt Genusshemmer. Außerdem gibt es Erkrankungen – wie Depressionen –, die die Genussfähigkeit generell einschränken.

Dazu kommt: Wenn es chronisch Kranken gerade mal ein wenig besser geht, wollen sie oft erst mal etwas erledigen, statt zu entspannen. So entsteht ein überfordernder Kreislauf aus schlechter gesundheitlicher Phase, eingeschränkter Arbeitsfähigkeit in einem oder mehreren Bereichen, besserer Phase, Arbeitseinsatz statt Pause. Richtig ungesund. In meinen harten Schmerz-Jahren musste ich sehr umdenken lernen, um mir Genuss zu gönnen, obwohl so viel liegen blieb.

Für eine chronisch kranke Freundin von mir bestand der Lernprozess darin, die kleinsten Genussmomente wertschätzen zu lernen: die Blume, den Sonnenschein, das Eis. Die »großen« Genussmomente wie beispielsweise eine mehrtägige Wanderung in den Alpen sind gar nicht drin für sie. Aber sie hat sich weiterentwickelt. Heute sagt sie oft strahlend zu mir: »Was für ein Geschenk!« Und freut sich über eine Kleinigkeit. Das ist für sie kein leerer Spruch, sondern gefühlte, entspannte Gegenwart. Sie ist eine echte Genießerin geworden.

Der Stolperstein chronische Krankheit lässt sich nicht einfach aus dem Weg räumen. Hier heißt es, erfinderisch zu werden, um dennoch Genussmomente zu haben.[65]

Die anderen Stolpersteine kann man nach und nach aus dem Weg räumen oder glorreich überspringen. Dazu gleich mehr.

Gönn dir was

Feldsalat mit Schafskäsewürfeln, Walnüssen und Heidelbeeren. Köstlich! Wir sitzen zusammen, wir vier aktiven Frauen. Wir nennen uns FIV (Frauen in Verantwortung). Alle drei Monate treffen wir uns zum Essen, Austausch und Gebet. Bettina, eine von uns, serviert genau diesen Salat. Ich bin tiefenentspannt und greife herzhaft zu.

Das war nicht immer selbstverständlich für mich. Denn wie viele andere Frauen hatte ich einen langen Anmarschweg, um mich mit Genuss, in diesem Fall mit Essensgenuss, zu versöhnen. Dabei ging es nicht nur um Kalorien und Konfektionsgröße, sondern vor allem um Folgendes: Kann und will ich mir das gönnen?

Kann und will ich mir das gönnen?

Genau das konnte ich früher nicht so gut. Die freudlose Tochter Kerstin! Mein eigenes Leben erinnerte mich an dieser Stelle an das bekannte Gleichnis vom verlorenen Sohn aus

Lukas 15,11ff. Wie der ältere Sohn stand ich freudlos in meiner Welt und mochte nicht zugreifen. Ich habe mir in vielen Lebenssituationen Genuss verweigert. Der war nicht erlaubt. Es gab vor lauter Pflichterfüllung wenig Freiraum dafür.

Dabei darf ich doch genießen und glücklich sein. So hat es Gott für mich und uns vorgesehen. »Es gibt nichts Besseres für den Menschen, als sich an dem zu freuen, was er isst und trinkt, und das Leben trotz aller Mühe zu genießen. Doch ich erkannte, dass auch das ein Geschenk Gottes ist« (Prediger 2,24). »Dadurch wurde mir klar, dass es das Beste für den Menschen ist, sich zu freuen und das zu genießen, was er hat. Denn es ist ein Geschenk Gottes, wenn jemand isst und trinkt und sich über die Früchte seiner Arbeit freuen kann« (Prediger 3,12-13).

Genuss ist ein Geschenk.

Ja, ich musste nach und nach zu einigen Selbsterkenntnissen durchdringen: *dass* ich mir zu wenig gegönnt habe, *warum* ich mir zu wenig gegönnt habe und *wie* ich denn von nun an leben will.

Genuss ist ein Geschenk. Er fängt mit meiner Entscheidung an. Ich darf genießen, du darfst es auch. Genussfähigkeit zu entwickeln, braucht bei mancher von uns eine innere Erlaubnis und einen längeren Anmarschweg.

Auf der Skala von 1 bis 10: Wie genussvoll lebst du?

Manchmal brauchen wir sogar ein besonderes Erlebnis, das uns innerlich freisetzt. Als Teenie bin ich in einen Schulchor eingetreten. Zusammen mit vielen jungen Menschen sangen wir unter einer kompetenten Chorleiterin und erschufen gemeinsam einen Klang, der mich emotional ganz tief berührte. Mit einem Mal ergriff mich die Musik! Sooo etwas Wunderschönes! Es war wohl das erste Mal, dass mich Musik so stark beschenkte. Dabei hatte ich seit Jahren Musikunterricht gehabt. Dieser hatte bis dahin leider nicht mit Freude, Gefühl, Hingabe, Genuss zu tun. Im Gegenteil. Aber jetzt! Die Tür zu meinen Sinnen war zum ersten Mal aufgestoßen worden. Ich war restlos begeistert.

Ich war restlos begeistert.

Chor war von da an der Schulunterricht, auf den ich hingelebt habe.

»Genuss ist eine positive Sinnesempfindung, die mit körperlichem und/oder geistigem Wohlbehagen verbunden ist. Beim Genießen wird mindestens ein Sinnesorgan erregt.«[66]

Noch heute habe ich eine starke Leidenschaft für mehrstimmigen Gesang, der mich in der Tiefe der Seele berührt. Genussfähigkeit braucht also manchmal einen Befreiungsschlag, besonders dann, wenn wir vorher negative Erfahrungen gemacht haben.

Genüsse kannst du bei folgenden Aktivitäten oder Passivitäten erleben: Schlaf, Essen, Trinken, Alleinsein, Gemeinschaft, Natur, Kultur, Stille, Hobbys, Sexualität, Lesen, Sport, Nichtstun, Reisen, Erfinden, Feiern ...

Rückblick

Gönn dir mal einen Rückblick: Wo und wie hast du dich bereits in deiner Genussfähigkeit weiterentwickelt?

Wünschst du dir in irgendeinem Bereich einen Befreiungsschlag, weil du bisher nur eingeschränkt genießen kannst?

So einfach kann's sein – Alltagsgenuss ist dein Coronageschenk

Frühjahr 2020. Die Welt hält den Atem an. Denn plötzlich ist alles zu: Fitnessstudios, Shoppingmeilen, Restaurants, Konzerthallen und vieles mehr. Im ersten Moment war manch einer geschockt, weil wir so vieles nicht mehr machen konnten: Hilfe, es sind doch unsere *must haves* im Entspannungsbereich! Haben wir jetzt gar nichts mehr vom Leben?

Haben wir jetzt gar nichts mehr vom Leben?

Im zweiten Moment kam es uns vielleicht ein wenig so vor, als wären wir alle eingeschneit. Liegt etwa zauberhafter Schnee meterhoch auf den Straßen und hindert uns an diversen Terminen? Kleben wir an den Fenstern, bewundern die weiße Pracht und haben plötzlich herrlich viel Zeit? So ähnlich fühlt es sich an, als die Coronakrise Fahrt aufnimmt. Nur der Schnee fehlt. Stattdessen scheint die Frühlingssonne und verwöhnt Deutschland. Und plötzlich sind sie alle draußen vor der Tür …

Unser Ruhrtal-Radweg quillt über vor Menschen, die spazieren gehend, Inliner oder Fahrrad fahrend unbekannte Welten erobern. Huch, so schön ist es hier bei uns?

Ja, das ist es. Viele hatten sich nur noch nie dafür Zeit genommen, wollten lieber in die Ferne schweifen. Auch wir Wendels lernen uns noch unbekannte Wege und Gegenden kennen. Tut uns gut. Einfach Picknick einpacken und die eigene Welt erobern.

So einfach soll's gehen?

Alternativ sind die lieben Mitmenschen in den eigenen vier Wänden. Denn noch etwas wird erobert: Es ist die eigene Küche. Plötzlich wird geschmort, gebraten, gebacken und genossen. Alles im eigenen Zuhause. Es ist keine Fahrt nötig, keine

Parkplatzsuche, keine Warterei auf das bestellte Essen. Dennoch können wir es uns so gut gehen lassen.

Bereits diese zwei simplen Genüsse – Natur erobern und Essen genießen – bringen so manche aktiven Zeitgenossinnen Monate später zum Schwärmen. »Ehrlich gesagt, so ein ruhiges Wochenende zu Hause hat ja was …« Ja, das hat es. Auch wenn viele von uns über die Einschränkungen aufgrund der Pandemie gestöhnt haben, müssen wir doch ganz ehrlich feststellen: Diese Zeit hat uns auch Gutes gelehrt.

> Genuss liegt in uns.

Wie aus jeder Krise dürfen wir etwas mitnehmen: Genuss entsteht nicht durch überbordende Auswahl. Oft beginnt er mit Begrenzung!

Kann das denn wahr sein? So einfach soll's gehen? Das können wir zunächst gar nicht glauben. Denn man hat es uns doch ganz anders versprochen. Viel teurer, aufwendiger, vielfältiger.

Wir wollen es auch deshalb nicht so gerne hören, weil noch eine andere unbequeme Wahrheit durch die Pandemie ans Licht kam: Echte Genussfähigkeit liegt weniger an den äußeren Bedingungen. Vielmehr liegt sie an und in uns selbst. Ja, Genuss liegt in uns: ob wir ihn uns erlauben, die Zeit dafür freiräumen, die Sinne dafür öffnen, loslassen, kommen lassen, genießen wollen und können.

Jesus als Genießer

Darf man Jesus als Genießer bezeichnen? Hatte der Sohn Gottes, der eine heilige Mission hier auf dieser Welt zu vollbringen hatte, Zeit für so etwas »Banales« wie Genuss? War sein Tag nicht mit vielen Wichtigkeiten gefüllt, ähnlich wie der einer Außenministerin oder eines mächtigen Firmenchefs?

In der Bibel finden wir tatsächlich keinen Absatz über »Tipps von Jesus zur Freizeitgestaltung«. Wenn wir aber tiefer in die Evangelien eintauchen, dann sehen wir einen Jesus, der sich Gutes gönnte: Essen und Trinken, Feiern, Schlaf, Stille und immer wieder Natur. Offenbar lechzte er aber nicht danach wie ein Erschöpfter, der auf seinen Urlaub hinlebt. Hoffend, dort wieder aufgemöbelt zu werden. Sondern die Genüsse waren ein natürlicher, selbstverständlicher Teil seines Alltags.

Essen, trinken, feiern

Viele biblische Geschichten zeigen Jesus als einen Mann, der von der zukünftigen Tischgemeinschaft sprach (Matthäus 8,11) und während seines irdischen Lebens gerne Tischgemeinschaft hatte. Beispielsweise sein Besuch bei Zachäus: »Denn ich muss heute Gast in deinem Haus sein« (Lukas 19,5). Letztlich kam es durch den Lebensstil von Jesus sogar zu dem Urteil: »Der Menschensohn trinkt und feiert, und von ihm sagt ihr: ›Er ist ein Schlemmer und Säufer und die schlimmsten Leute sind seine Freunde!‹« (Matthäus 11,19).

Nein, Fehlanzeige. Jesus war kein Schlemmer und Säufer, obwohl er gern mitfeierte. Er war offensichtlich innerlich frei, um zu essen und zu trinken. Er hatte keine Angst vor Genüssen und Genussmitteln. Er geriet auch nicht in falsche Abhängigkeiten. In seiner Beziehung zu seinem Vater im Himmel war er immer so gefestigt und gestärkt, dass ihn nichts von seinem Lebensmittelpunkt wegreißen konnte.

> Jesus war mittendrin.

Wir merken außerdem, dass auf Essen und Trinken nicht sein Hauptfokus lag. Er ging nicht zu den Verachteten, um es sich nun mal endlich richtig gut gehen zu lassen. Um mit Fressen und Saufen seine Arbeitsfülle, seinen Frust oder seine Mangelerfahrung auszugleichen. Vielmehr aß und trank er mit den Sündern, um das Reich Gottes zu ihnen zu bringen.

Ich bin mir ziemlich sicher, dass er nicht isoliert irgendwo am Rand saß. Nein, Jesus war mittendrin. Aß. Lachte. Fragte. Antwortete. Feierte. Stärkte sich. Genoss die Güte seines Vaters im Himmel. Mitten im Feiern war er immer ein Vorbild: unabhängig, frei, genießerisch.

Feiern zu können, bedeutet auch, sich tief im Herzen freuen zu können. Auch dazu fordert Jesus immer wieder auf. Beispielsweise im Gleichnis von der verlorenen Münze:»Und wenn sie sie gefunden hätte, würde sie nicht ihre Freundinnen und Nachbarinnen rufen, damit sie sich mit ihr freuen, dass sie ihre verlorene Münze wiedergefunden hat?« (Lukas 15,9).

Jesus sagt das, weil er Anstifter und Anführer zum Leben ist. Das Wesentliche, nämlich eine innere Umkehr, ist laut Jesus ein Freudenfest wert.»Leider verstehen viele Christen Jesus nicht als Anführer zum Leben, sondern eher als Zuflucht vor dem Leben. Weil sie Angst vor dem Leben und seinen Auseinandersetzungen haben, fliehen sie zu Jesus. Doch damit verfälschen sie Jesus und sein Anliegen. Jesus ist dort, wo Leben ist [...].« (Anselm Grün)[67]

Er kannte uns Menschen gut. Er wusste, dass wir, statt zu feiern, eher dazu neigen, uns um Essen und Trinken Sorgen zu machen. Davon können wir prägnant und zeitlos in der Bergpredigt lesen oder tagesaktuell in der *Brigitte*, *Emotion* oder anderen Magazinen. An unseren Alltagssorgen hat sich eben über die Jahrhunderte nichts geändert. Von daher tut es uns Frauen richtig gut, den freien und unbekümmerten Umgang mit Genussmitteln bei Jesus wahrzunehmen.

Jesus kennt uns Menschen gut.

 Kennst du Mangel-Erfahrungen, die dich manchmal zuschlagen lassen?

Schlafen

Jesus hatte ja bekanntlich während seines dreijährigen öffentlichen Wirkens kein dauerhaftes eigenes Zuhause. Geschlafen hat er dennoch. Und wie gut! Noch nicht einmal das Geschaukel eines Bootes oder etwa ein Fallwind können ihn von einer tiefen Erholungspause abhalten. So erfahren wir es in der Geschichte von der Sturmstillung (Lukas 8,22ff). Keine rückenfreundliche Matratze, kein Einschlafritual, kein Baldrian, aber er schläft. Jesus gönnt sich das, was sein Körper benötigt. Wohlgemerkt, dies ist eine Tagesgeschichte, keine Nachtgeschichte.

Nun ist Jesus auf keinen Fall ein Schläfer zu nennen, denn die Bibel erwähnt immer wieder, dass er bereits früh am Morgen unterwegs war. Außerdem stellen die Evangelien uns ihn ja als einen sehr aktiven Mann vor. Aber er war in der Lage, sich die nötige Ruhe zu verschaffen.

Still sein

Neben dem passiven Schlaf gönnte sich Jesus immer und immer wieder die aktive und passive Stille. Zeit zum Reden und Hören. Zeit mit seinem Vater allein. Das waren umkämpfte Momente. »Früh am nächsten Morgen ging Jesus an einen einsamen Ort. Die Menschen suchten ihn überall« (Lukas 4,42).

Das erscheint mir besonders bemerkenswert angesichts der »kurzen« Wirkzeit seines Lebens. Offensichtlich hat Jesus nicht an Stille gespart. Auf die Jünger muss es faszinierend gewirkt haben. Denn in Lukas 11 sprechen sie ihn nach einer einsamen Gebetszeit an: »Herr, lehre uns beten« (Lukas 11,1). Sie wollen von ihm lernen, weil sie ihm abspüren, dass diese Zeiten ihn beschenken.

Offensichtlich hat Jesus nicht an Stille gespart.

Kennst du deine Bedürfnisse in Sachen Schlaf und Stille?

RUHEZEITEN

Trage dir im Kalender/Handy deine nächsten Ruhezeiten für den kommenden Monat ein (Mittagsschlaf, Sonntags-Stille, stiller Tag, Gebetszeit oder was auch immer dir entspricht).

ALLTAGSSTILLE

Programmiere dein Handy, um dich ein oder mehrmals am Tag ans Gebet zu erinnern. Es kann zu einer kurzen Verschnaufpause in deinem Alltag werden.

Wandern

Jesus ist zu Fuß unterwegs. Jahrhunderte bevor es angesagt ist, den Jakobsweg zu gehen, wandert Jesus. Ob durch die Kornfelder oder auf den hohen Berg hinauf, nach Jerusalem oder Kapernaum – er bewegt sich! Wer sich die Landkarte Israels genauer anschaut, weiß, es ging nicht nur um tausend Schritte, die der Schrittzähler dankbar notiert. Es ging um richtige Strecken.

»Am besten auftanken kann Jesus unter freiem Himmel. Die Gegend, in der er sich aufhält, hat auch viel zu bieten: den großen See und die Hügel ringsherum. Wenn Jesus den Duft von Blumen atmet, wenn er die Spatzen pfeifen hört, wenn er das Getreide im Wind rauschen sieht, dann erfüllt ihn eine tiefe Befriedigung. Er ist einerseits ein Fremdkörper in der Welt, aber gleichzeitig ganz in ihr zu Hause.«[68]

Ja, wer sich durch die Natur bewegt, kommt um Genuss fast gar nicht herum (außer wenn er oder sie – wie ich vorzeiten – noch eine Grübeltante ist). Man findet das eigene passende Tempo und nimmt Eile heraus. Man lernt, zu schauen, zu hören, zu staunen, zu riechen, zu schweigen. Man lernt loszulassen – belastende Gedanken und anstrengende Menschen. Von beidem hatte Jesus genug in seinem Alltag. Der Sohn Gottes ist unterwegs in der Schöpfung, die er selbst mitgestaltet hat. Jesus findet in der Natur Ruhe – vor, im oder nach dem Sturm.

Jesus lehrt uns durch seine Wanderschaft das, was er immer wieder auch gepredigt hat: Sorglosigkeit und Unbeschwertheit.

Unglaublich reich beschenkt

Spannend ist es, noch einen Blick in das Gleichnis vom verlorenen Sohn zu werfen. Auch der zweite Sohn hatte sich ein Stück weit verloren. Er lebte nicht in der Fülle, die ihm zugedacht war. Auf seinen großen Lebensfrust hin, weil er sich zu sehr den Pflichten verschrieben hatte, bekommt er folgende liebevolle und aufrüttelnde Antwort: »Sieh, mein lieber Sohn, du und ich, wir stehen uns sehr nahe, und alles, was ich habe, gehört dir« (Lukas 15,31).

Wie bitte? Alles gehörte ihm? Es hätte ihm zugestanden und er hat nicht zugegriffen? Es wirkt so, als stehe der zweite Sohn jeden Tag vor einem überwältigenden Buffet mit Köstlichkeiten. Er schaut es sich kaum an, fastet lieber und lehnt ab. Zum einen ist das unglaublich enttäuschend für den einladenden und beschenkenden Gott. Zum anderen sehr frustrierend für den Genuss verweigernden Sohn. Meiner Meinung nach müsste es deshalb genauer »Das Gleichnis von den verlorenen Söhnen« heißen.

Wo greifst du nicht zu, obwohl dir »alles« gehört?

Tools für den Alltagsgenuss

Essenspausen genießen

»Oh, wie ist das schön angerichtet!« Eine Freundin unseres Sohnes war zu Besuch. Wir hatten ganz normales Abendbrot zubereitet. Das, was für uns normal ist: schöne Käseauswahl, abwechslungsreiche Rohkost, leckere Brotsorten. Nichts Besonderes, aber eben doch nicht einfach eine Schnitte auf die Hand, und fertig. Am allerliebsten sitzen wir dann auf unserer heimischen Terrasse und schauen in unser Minigärtchen. Diese halbe Stunde ist für uns unglaublich wichtig. Augen und Gaumen tanken auf. Manchmal auch die Ohren, wenn wir Interessantes zu erzählen haben. Unser Sohn war als Schüler gerne ein Essens-Schweiger. Ich habe mich zunächst einige Zeit daran gestört, bis ich merkte, warum: weil ich selbst Nachholbedarf in Sachen Genießen hatte. Ich gehörte zu denen, die öfter mal gar nicht richtig wahrnahmen, was sie denn aßen – obwohl ich es sogar selbst gekocht hatte! An dieser Stelle hat mich Nils ohne Worte viel gelehrt. Heute kann ich mein Essen meistens genießen.

Welche schöne Essenspause passt zu deinem Alltag? (Käffchen mit deinen Kollegen, Mittagessen auf der Bank, Joghurt mit leckeren Früchten am Nachmittag, das besondere Freitagsabendbrot ...)

MINI-HIGHLIGHT

In sehr gleichförmigen oder stressigen Zeiten kann man sich ein Mini-Highlight setzen: einmal in der Woche ein »anderes« Abendessen vorbereiten als gewöhnlich. Ein paar Antipasti vom griechischen Imbiss oder Walnüsse und Käsestangen oder gefüllte Blätterteigtaschen. Oder ...

Minipausen einbauen (Intervallrasten)

Es gibt jede Menge ganz kurzer Genussmomente, die wenig Zeit kosten und viel bringen: sogenannte Minipausen. Alle 70 bis 90 Minuten brauchen wir eine Pause von Konzentration und Anstrengung.»Der sogenannte BRAC-Rhythmus (Basic-Rest-Activity-Cycle) schreibt, dass sich die Aktivität unseres Aktionsnervs (Sympathicus) und des Ruhenervs (Parasympathikus) im Laufe des Tages immer wieder abwechseln. In den 70 bis 90 Minuten, in denen der Aktionsnerv aktiv ist, können wir gut leisten und in den zehn Minuten dazwischen perfekt entspannen.«[69]

MINIPAUSEN

Kurze *Atemübung* in den Bauchraum (siehe Kapitel 3 oder 5).

Augenentspannung: sich ans Fenster oder auf den Balkon stellen und die Augen kurz in die Ferne schweifen lassen (besonders wichtig für alle, die am Rechner arbeiten).

»Schrankenwärter«[70]: Beide Füße stehen hüftbreit, Fußspitzen leicht nach außen, Arme hängen locker. In dieser Haltung ist ein leichtes Hin- und Herschwingen mit dem Oberkörper möglich, sodass man abwechselnd nach rechts und links schaut und damit klären kann, von welcher Seite der Zug kommt. (Diese Übung lockert die großen Gelenke, die Wirbelsäule und den Bauch.[71])

Kontaktpflege: eine Mail oder Sprachnachricht an eine gute Freundin schicken.

> *Vorfreudepause*: an etwas Schönes denken – den nächsten Feierabend, eine Einladung, ein verlockendes Buch, den nächsten Urlaub. Sich innerlich in diese Aktion oder an diesen Ort versetzen.

Natürlich wird es Stoßzeiten geben, in denen diese Tools besonders schwer umzusetzen sind. Vielleicht belasten Krankheit, To-dos, Termine, Konflikte. Dennoch gilt: Wir sind letztlich selbst die Entscheider, wie viel Genuss in unserem Leben sein darf.

Und an dieser Stelle noch ein Satz, der richtig herausfordert: Erlaube dir, auch in schwierigen Situationen glücklich zu sein. Das ist die hohe Schule für Genießer.

Vielleicht durchlebst du gerade eine Belastungssituation? Dein Kind macht im Ausland eine Covid-19-Erkrankung durch, dein Elternteil steht vor einer OP, dein Partner trägt an einer Berufskrise oder du selbst kämpfst dich durch eine harte Zeit im Ehrenamt? Gerade dann, wenn Sorgen und Belastungen übermächtig werden, brauchen wir unsere Kräfte. Uns jetzt aus übertriebenem Mitgefühl oder Verantwortungsgefühl Gutes zu versagen, schwächt uns. Allem zum Trotz uns jetzt Genuss zu gönnen, stärkt uns.

> **HOHE SCHULE FÜR GENIESSER**
> Such dir einen Genussmoment aus, der dir besonders viel bedeutet, und trainiere ihn auch in einer Belastungssituation. Das ist die hohe Schule des Genusses.

Feierabend zelebrieren

Achtzehn Uhr ist eine meiner Lieblingszeiten des Tages. Denn dann beginnt mein selbst gewählter Feierabend. Natürlich könnte ich länger machen ... noch Mails beantworten, am Artikel weiterschreiben, im Garten rumwerkeln. Aber meistens mache ich einfach Schluss. Und dann freue ich mich auf irgendetwas: vielleicht auf einen gemütlichen Leseabend mit meinem Besten vor dem Kamin, einen schönen Spaziergang an der frischen Luft, ein Pilates-Work-out mit Freundin Annette oder einen guten Film. Oft überlege ich mir schon morgens, auf was ich mich abends freuen möchte. Andere brauchen vielleicht genau das Gegenteil: abends einfach spontan gucken, was sie denn gerne tun möchten.

Was waren deine drei schönsten Feierabende oder -morgen des letzten Monats?

ALLTAGSLUST

Gibt es etwas, das du mal wieder machen könntest, einfach weil es dir guttut? (Abendpicknick in deinem Viertel, eine Reitstunde nehmen, einen Feldblumenstrauß pflücken, ein Telefonat mit deiner Freundin verabreden, einen richtig schönen Brief schreiben und abschicken ...)

Schlafen

Von Thomas Härry ist bekannt, dass er ab und an ganz früh ins Bett geht. »Ich bezeichne den Schlaf gerne als eine der wichtigsten geistlichen Disziplinen in der Jesus-Nachfolge […] Schlaf – geheimnisvoller Erneuerer der Kräfte für unseren Körper und unsere Seele!«[72] Härry genießt es also, sich ab und an eine Extra-Ration Schlaf zu gönnen.

Ich selbst konnte in vielen Schmerz-Jahrzehnten aufgrund meiner chronischen Erkrankung nur wenig Schlaf genießen. Seit einigen Monaten ist das anders. Nun freue ich mich abends fast immer auf mein Bett. So banal für viele Menschen, aber sooo herrlich für mich. Ehrlich, ich kann nun nach vielen anderen Jahrzehnten endlich ganz tief versinken.

Es ist ja irgendwie witzig: Es werden Anzeigen für Seminare und Konferenzen und Aktionen jeder Art geschaltet, die wir Aktive besuchen sollen. Und sie haben ja auch alle ihren Wert. Die einfachste Pause der Welt aber, der kostenlose Genuss des Schlafes, wird nicht so häufig beworben. Höchstens Mittel gegen Schlaflosigkeit.

SCHÖNHEITSSCHLAF

Gönn dir ein Powernapping, ein frühes Zubettgehen oder langes Ausschlafen. Du weißt am besten, was dir guttut und zu dir passt.

Ruhetag heiligen

Gott hat uns von Anfang an eine hervorragende Genuss-Pause ans Herz gelegt: den Ruhetag! Jesus selbst sagt über ihn: »Der Sabbat wurde zum Wohl des Menschen gemacht und nicht der Mensch für den Sabbat« (Markus 2,27). Er ist zu deinem Wohl gemacht. Wie schön! Alles, was mit Arbeit zu tun hat, darf ruhen. Stattdessen darfst du genießen und es dir gut gehen lassen: Gemeinschaft mit Gott und Menschen pflegen, Kuchen essen, Muskelentspannungsbad einlaufen lassen, Zeitung lesen, Mittagspause halten, Konzert besuchen, waldbaden, Tatort schauen. Oder einfach sitzen und nichts tun. Nichts.

> Alles, was mit Arbeit zu tun hat, darf ruhen.

Fünf gerade sein lassen
Auf welche Routine im Haushalt kannst du getrost verzichten, um deinem Ruhetag noch mehr Ruhe zu verleihen?

Genussvoller im Alltag

Urlaub machen zu können, ist ein tolles Privileg. In Deutschland für Arbeitnehmer seit 1963 gesetzlich geregelt.[73] Aber es sind eben die Ausnahmezeiten. Unser Alltag nimmt einen wesentlich größeren Raum ein. Egal, wo wir unsere Schwerpunkte im Alltag haben – ob im Haushalt, Ehrenamt oder Beruf –, Gott gönnt uns gerade im Alltag Genussmomente. Am Ruhetag sowieso. Die kleinen, feinen Mini-

> Gott gönnt uns im Alltag Genussmomente.

pausen oder Mini-Highlights. Die Augenweide. Den Ohrenschmaus. Die Leckerei. Das Wohlgefühl. Die Alltagslust. Die Lebensfreude.

Wie sagt mein Freund Thomas immer schmunzelnd und treffend: »Fertig werde ich sowieso nicht, also kann ich auch eine Pause einlegen.« So spricht einer, von dem ich richtig viel in Sachen »Alltags-Genuss« gelernt habe.

Wenn wir es wollen, geht in Sachen Genussfähigkeit noch ganz viel! Uns gehört nämlich so viel! Sind wir nicht überreich beschenkt?

7. GROSSZÜGIGER IM LEBEN

Geschenk per Mail

»Schreib mir doch bei Gelegenheit mal eure Kontonummer auf. Ich habe etwas übrig, was ich nicht zur eigenen Verwendung brauche. Ich würde euch gerne finanziell unterstützen.« Waaas? Ich lese diese Sätze einer älteren Freundin und bin mal wieder total überrascht und erfreut. Es ist einfach unglaublich!

Wiederholt erleben wir es als Paar, dass es einen finanziellen Engpass gibt, und Gott öffnet jemandem das Portemonnaie. In diesem Fall bezog sich das unerwartete Geschenk auf unsere aktuellste Notlage: Autopanne im Urlaub mit weitreichender Konsequenz. Wahrscheinlich müssen wir auf einen neuen Autokauf zugehen. Das war ganz anders geplant gewesen und hatte uns die letzten Tage frustriert. Und nun die Mail von Anna! Was für ein Geschenk.

Wir haben mittlerweile gelernt, auf solche Angebote nicht mit einem »Ist doch nicht nötig« oder »Das können wir doch gar nicht annehmen« zu antworten. Stattdessen schicken wir unseren Dank zu Gott und Mensch. Wir feiern die Selbstlosigkeit eines lieben Menschen.

 Welches Geschenk hat dich einmal richtig jubeln lassen?

»Lass die Freunde mitspielen!«

»An manchen Tagen klappt es ja ganz gut«, berichtet Birte, »aber an anderen sammelt er sein ganzes Lego und schichtet es um sich herum. Keiner darf mitspielen.« Die Rede ist von Birtes Sohnemann. Mit ihr zusammen belächle ich ein wenig die Reaktion des kleinen Jungen. Wie unreif von ihm! Kann er denn nicht einfach mit seinen Spielkameraden teilen?

Nein, kann er nicht. Wie kurzsichtig von *uns*, es nicht besser zu verstehen. Müssten *wir* nicht verständnisvoller reagieren, statt von oben herab zu lächeln? Wohl wissend, dass Teilen herausfordernd ist? Das, was wir uns von dem kleinen Jungen wünschen, ist ja eigentlich eine große Leistung.

> Teilen ist schwer.

Nämlich die Fähigkeit, loszulassen, zu teilen, zu schenken. Hand aufs Herz: Das Habenwollen liegt uns allen von Natur aus doch viel näher, oder?

Einer, der das Kindergartenalter bereits hinter sich hatte, stand vor der gleichen Herausforderung. Jesus forderte ihn auf, seinen Besitz mit den Armen zu teilen, um einen Schatz im Himmel zu gewinnen. »Doch als der junge Mann das hörte, ging er traurig fort, denn er war sehr reich« (Matthäus 19,22).

Ich habe zunächst einmal Verständnis für diesen jungen Mann, wohl sogar mehr als im ersten Moment für das Kindergartenkind. Der junge Mann besaß richtig viel. Und nun soll er »alles« geben? Immerhin berichtet die Bibel nicht, dass er sich empört und entrüstet von Jesus abwandte. Das hätte ja auch passieren können. Aber er entschied sich dennoch gegen den Weg des Teilens.

Ja, Teilen ist schwer. Für den kleinen Jungen, für den reichen jungen Mann, für mich. Für dich vielleicht auch?

Warum Teilen so schwer ist

Ich kann mir vorstellen, dass es so einige Gründe gibt, die uns Teilen zunächst schwerfallen lassen. Hier eine Auswahl: tief sitzende Verlustangst, innere Not, ungestillte Gier und letztlich das noch harte Herz.

Tief sitzende Verlustangst

Als Studentin war ich zusammen mit meinem Mann in einem Hauskreis, in dem wir über Lebensstil-Fragen gesprochen haben. Für die damalige Zeit ganz schön revolutionär und progressiv. Ich erinnere mich an den Tag, an dem mein Mann beschlossen hat, von nun an auf Fleisch zu verzichten. Er tat es, weil er sich über den Verbrauch pflanzlicher Nahrungsmittel als Tierfutter informiert hatte. Da er das nicht weiter unterstützen wollte, beschloss er »auszusteigen«. Nicht nur zur Probe für einen Monat, sondern so richtig »für immer«.

Ich fand das cool damals. Gleichzeitig ertappte ich mich dabei, dass eine Angst in mir aufkeimte: Was ist, wenn Uli in unserer Ehe auch noch auf allerhand andere Dinge verzichten möchte? Heißt das, dass wir dann vielleicht kein schönes Möbelstück anschaffen, nur selten in den Urlaub fahren oder ich mir das ersehnte Kleidungsstück nicht zulegen darf? Verlustangst! Ich hatte Bedenken, dass das Level unseres Lebensstils, das ich damals für unverzichtbar hielt, in den Augen meines Besten vielleicht ganz anders bewertet würde und ich zurückstecken müsse.

Mittlerweile schmunzle ich über meine früheren Ängste, denn der Beste ist mittlerweile der Erste, der heute die neue Küche haben möchte, sich regelmäßig an die Ostsee zurücksehnt und seine Frau gern ab und an ins Kaufhaus schieben würde. Egal, wer von uns beiden nun mehr oder weniger Ansprüche hat – ich kenne sehr wohl das Gefühl im Herzen: Dieses oder jenes brauche ich doch unbedingt für ein gutes Leben!

Innere Not

Wenn ich zurückdenke, dann habe ich bereits viel Großzügigkeit erlebt: von unterstützenden Eltern, die einen Beitrag zu unserem Hauskauf leisteten, von Freundin Conny, die die Rechnung für mehrere Freundinnen in der Eisdiele ganz selbstverständlich zu sich hinzog, und von Oma Marie, die mir quer über den Esstisch einige 100er-Scheine für meine ersehnte Querflöte zusteckte. Mein vorgezogenes Erbe. Vieles davon kam unerwartet, hat mich erstaunt und gefreut.

Doch mich selbst hat ein anderes Geschenk in ganz besonderer Weise berührt, überwältigt und anschließend freigesetzt. Es war die selbstlose Art meiner Therapeutin, die mich jahrelang begleitet hat, um mir zur Schmerz-Verbesserung zu verhelfen. Sie ist meine persönliche Glücksspenderin gewesen, weil sie meine leeren inneren Tanks erkannt und diese selbstlos, fantasiereich, liebevoll und einsatzbereit gefüllt hat.

Auf mich wirkte es wie ein Sechser im Lotto, was ich in unserer Beziehung erlebte. Meine damals noch leere innere Seele jubelte. Und so manches Mal habe ich bei mir gedacht und gefühlt: Das kann ja jetzt wohl nicht wahr sein! Habe ich gerade den Hauptgewinn gezogen?

Es war also kein finanzieller Reichtum, der mir später zu mehr Großzügigkeit verhalf, sondern ein innerer. Denn dort lag lange Zeit unentdeckt meine Not.

 Gibt es eine dir bekannte innere Not in deinem Leben? Oder gar eine, die du vielleicht bisher nur erahnst? Vielleicht etwas, was sich hinter dem bisherigen Habenwollen verbergen könnte?

Manchmal können wir nicht ins Teilen hineinwachsen, weil wir persönliche innere Nöte mit uns herumschleppen, uns irgendwo leer fühlen. Vielleicht ist es fehlende Selbstliebe? Vielleicht ein Körperhass, den wir mit äußeren Dingen zu kaschieren versuchen. Vielleicht mangelnde Hingabefähigkeit. Vielleicht eine Identitätsstörung, wie u. a. in meinem Fall. Vielleicht eine Kaufsucht oder ein »Jäger-und-Sammler-Gen«. Alles das kann uns gefangen halten.

Ich bin mir sicher, dass Gott deine innere Not sieht und dich deinen persönlichen nächsten Schritt führen wird. Vielleicht brauchst du dazu professionelle Unterstützung durch Seelsorge/Therapie? Wie gut, dass wir uns so etwas gönnen können.

Erlaube Gott, dir innere Not zu zeigen.

Erlaube Gott, dir innere Not zu zeigen. Ein schlichtes Gebet kann der Anfang sein.

ENTLASTUNGSGEBET

»Jesus, vielleicht hänge ich innerlich irgendwo fest. Ich kann es im Moment selbst nicht benennen. Lass mich aufmerksam sein für deine Gedanken.«

Ungestillte Gier: Wir Ilsebills

Die Gebrüder Grimm haben 1812 ein Märchen unter dem Titel »Der Fischer und seine Frau«[74] veröffentlicht. Es gibt unterschiedliche Deutungsebenen dieses Märchens. Vordergründig fällt auf jeden Fall ins Auge, dass die Frau des Fischers, die Ilsebill, ganz schön erfinderisch und gierig im Wünschen ist.

Ihr Mann angelt einen Fisch, der in Wahrheit ein verwunschener Prinz ist. Auf dessen Bitte hin lässt der Fischer ihn wieder frei. Er tut es »einfach so«, spontan und selbstlos. Ilsebill aber leitet aus dieser Befreiung den Anspruch ab, sich etwas vom Prinzen wünschen zu dürfen. Ach, wie wäre das schön, anstatt der armseligen Hütte, in der sie hausen, etwas Besseres zu haben! Später soll es ein Schloss sein, anschließend eine Machtposition …

Beim Lesen muss ich schmunzelnd an manche Anfänge in meinem Leben zurückdenken: an meine Studentenbude mit angrenzendem Flur, in dem wegen fehlender Isolierung im Winter die Sprudelflaschen einfroren, oder an unsere erste gemeinsame Wohnung, in der wir die Handtücher in Ermangelung von Schränken in Kartons stapelten. Ja, in beiden Situationen keimten dann doch irgendwann ein paar verständliche Wünsche nach mehr Wohnlichkeit in mir auf.

Humorpause
Kennst du aus deinem eigenen Leben auch solche »Ilsebill-Momente«?

Ich ahne, im Wünschen sind viele von uns erfahren und trainiert. Meiner Meinung nach übrigens nicht nur wir Frauen, sondern auch manche Männer. Ich kenne so einen, den ich übrigens sehr schätze, der regelmäßig ein neues, aufwendiges Hobby beginnt. Es kann das Motorrad sein oder das Mountainbike, der Hühnerstall samt Inventar, eine weitere Immobilie oder ein neues Musikinstrument. Er selbst ist sein eigener Wunscherfüller und stellt sich das jeweils Neue dann hin. Finanziell kann er sich das leisten.[75]

Die einen gieren viel, weil sie wenig hatten. Vielleicht kriegsbedingt, vielleicht aufgrund schwieriger finanzieller Verhältnisse im Elternhaus oder aufgrund eigener finanzieller Notlagen zu anderen Zeiten. Die anderen wünschen sich viel, weil ihre Wünsche durch Umwelt und Medien ständig gefüttert werden. Davon war in diesem Buch bereits mehrfach die Rede. Und wieder andere möchten viel, weil sie irgendwo ganz tief im Herzen eine nagende und zehrende Unzufriedenheit spüren.

Gravierendes Herzensproblem

»Ob du teilst oder nicht, hängt nicht mit deinem wirtschaftlichen Status zusammen, sondern mit deiner Herzenshaltung.«[76] So bringt es Steve Volke, der Leiter des christlichen Hilfswerks Compassion, auf den Punkt. Ich ahne, dass er recht hat. Die meisten von uns sind nicht automatisch großzügig. Irgendetwas oder irgendwer muss unser Herz erreichen und erweichen.

Bevor das nicht geschehen ist, sind wir, glaube ich, eher wie Kraken (sie besitzen acht Arme!). Auch wir haben viele weit ausgebreitete Tentakel, die strecken wir in alle Richtungen und ziehen sie dann gerne wieder zu uns hin. Ha, etwas gefangen! Das Schnäppchen, der besser bezahlte Job, die Last-Minute-Reise, der kleine Nebenjob, das Black-Friday-Angebot, das neue Teil deiner Sammlung an Filmen, Shirts, Dekoartikeln, Instrumenten, Sportgeräten – oder was auch immer du sammelst. All das an Land zu ziehen, zaubert uns sicher ein Lächeln aufs Gesicht. Und das darf es ja auch. Aber unser Herz ist dadurch meist nur für uns selbst erweicht, noch lange nicht für andere.

Wir Menschen sind automatisch selbstbezogen. Die Bibel hat eine sehr realistische Sicht davon, dass wir alle kleine oder große Ilsebills sind: »Denn wo dein Reichtum ist, da ist auch dein Herz« (Matthäus 6,21). »Da sie sich weigerten, Gott anzuerkennen, überließ er sie ihren verwerflichen Gedanken, sodass sie tun, was sie nie tun sollten. Ihr Leben ist voller Unrecht, Schlechtigkeit, Habgier, Bosheit, Neid, Mord, Streit, Betrug und Hinterlist« (Römer 1,28-29). So weit mal zur Diagnose, wie unser Schöpfergott uns einschätzt. Und natürlich sind damit nicht nur wir Frauen gemeint.

> Sind die meisten von uns hoffnungslose Fälle?

Ist das jetzt der Schlusssatz? Sind die meisten von uns eben hoffnungslose Fälle, die sich nicht ändern wollen oder können? Das glaube ich nicht.

Was uns aus der Verkrümmung lösen kann

Ich glaube, es gibt unterschiedliche Wege, die uns großzügiger und vielleicht sogar verzichtbereiter machen können. Es kann das vorbildliche Elternhaus sein, eine großzügige Person des Lebensumfelds, eine schwerwiegende Lebenskrise, Lesen in der Bibel, Seelsorge oder Psychotherapie, Kontakt zu den Armen dieser Welt, die finanzielle Notlage eines lieben Menschen, das Berührtsein durch eine Umweltkatastrophe oder negative Zukunftsprognosen – all das kann ein Menschenherz erreichen und erweichen.

> Jesus kann einen Weg zu unserem Herzen bahnen.

Jesus kann auf verschiedene Weise einen Weg direkt zu unserem Herz bahnen. Wenn er uns so berührt, sind wir mit einem Mal innerlich betroffen, berührt, bewegt. Wir werden nachhaltig verwandelt, einsichtig für das Wesentliche. Wir lösen uns aus innerer Verkrümmung. Und anschließend beginnen wir, anders zu handeln.

Vielleicht zunächst in ganz kleinen Schritten: mit dem selbst gebackenen Brot, das wir vor eine Haustür stellen, oder dem Kaffee, den wir einem Mitbürger ohne Portemonnaie bezahlen, oder den zwanzig Euro, die wir jemandem überweisen.

Selbstvergessenheit kann wachsen.

Selbstvergessenheit kann wachsen. Von meinen eigenen heiligen Momenten – bei mir waren es eher heilige Zeiten als nur Momente – habe ich oben bereits geschrieben.

Wer oder was hat dein Herz bisher schon erweicht?

POSTPAUSE

Falls daran eine Person beteiligt war, dann schreib doch eine Dankeschön-Karte.

Mittlerweile gibt es selbst in unserer westlichen Welt viele deutliche Stimmen. Sie wollen aus dem egozentrischen Kreisen um uns selbst und dem gedankenlosen Konsum aufwecken. So werben beispielsweise Klimaaktivisten wie Greta Thunberg, Mediziner wie Eckart von Hirschhausen[77], Christen wie Shane Claiborne[78] auf ihre ganz persönliche Art für ein Leben mit guten Werten: weg vom Träumen, Wünschen, Horten hin zum Freigeben, Verzichten, Teilen. Ihre Motive sind teils unterschiedlich. Ihre Sprache auch. Manche äußern sich mutig, lautstark, engagiert, andere zurückhaltender. Aber sie setzen deutliche Zeichen. Und eine entscheidende Einsicht haben sie gemeinsam: Wir leben in einer Weltgemeinschaft, und deshalb hat unser persönliches Leben mit dem Leben der anderen zu tun. Wow! Eine zutiefst christliche Einsicht.

Teilen vertreibt Einsamkeit, schenkt Freude und Erfüllung.

In dem Augenblick, wenn diese Erkenntnis jemanden erreicht, schichtet das Kindergartenkind nicht mehr sein Lego um sich herum. Es ist auch nicht mehr einsam, für sich allein. Stattdessen hat es plötzlich »Spielkameraden« neben sich, und deren Lächeln, Spielfreude und Gemeinschaft werden es beschenken. Teilen vertreibt nämlich Einsamkeit, schenkt Freude und Erfüllung. Wie schön!

Gemeinsam statt einsam

Manchmal fällt es ja leicht, sich einzugestehen, dass man etwas noch nicht so gut kann. Ein Freund von mir lernt gerade für seine Facharztprüfung, eine Freundin verbessert ihre technischen Fähigkeiten und eine andere lernt Judo.

Jede von uns kann den Großzügigkeitsmuskel trainieren.

Es gibt anderen Nachholbedarf im Leben, den anzuerkennen uns schwerer fällt. Wer Neid, Gier, Genussunfähigkeit oder Geiz bei sich bemerkt, ringt zunächst vielleicht lieber für sich allein mit seinen Grenzen. Das braucht ja nicht gleich jeder zu wissen. Darüber wird eben nicht so offen gesprochen wie über den Prüfungstermin oder den Sportkurs.

Ich glaube, wir brauchen auch in diesem Bereich entspannte Selbsterkenntnis: »Ich kann das noch nicht so gut. Bin noch nicht so freigebig, großzügig oder gar verzichtbereit, wie ich gerne sein möchte.« Wie schön wäre ein Miteinander, in dem so eine Selbsterkenntnis ehrlich mitgeteilt und liebevoll aufgenommen werden kann. Das, was wir ans Licht bringen, würde dadurch ein Stück weit seine Macht verlieren!

Ja, es mag so sein, dass wir noch nicht so gut trainiert sind in Sachen Großzügigkeit. Aber wir können noch besser werden! Jede von uns kann den Großzügigkeitsmuskel trainieren. Besonders gut eignen sich dafür vertraute Beziehungen – die eigene Ehe, eine Zweierschaft mit einer Freundin, ein stabiler Hauskreis bzw. eine Familiengruppe oder eine Coaching-Beziehung. Ich selbst kann mit meiner Zweierschaftsfreundin ganz entspannt über solche heiklen Themen sprechen. Warum? Weil wir beide voneinander wissen, dass wir keine Engel sind.

Weniger zu brauchen – dein Coronageschenk

Im ersten Lockdown machten viele von uns die Erfahrung: Es tut uns richtig gut, das Schlichte zu genießen. Den Spaziergang, das Essen, den Film, das Buch, den Sport. Manche einfachen Lösungen zur Kontaktpflege fielen uns ein: Wir konnten skypen, zoomen oder telefonieren, um innerlich beim anderen bleiben zu können. Die trennenden Kilometer und die Abstandsregeln wurden durch Technik einigermaßen überwunden.

> Wir können gut mit »weniger« auskommen.

Haben wir dabei gar nicht sooo schlecht gelebt? Vielleicht brauchen wir weniger als gedacht zum Glücklichsein? Denn es ging einigen doch gut, obwohl »alles« zuhatte. So sparten manche auch Geld, das ansonsten in diverse Unternehmungen und Reisen geflossen wäre.

Und das Gesparte? Manches landete im Baumarkt und anschließend im eigenen Zuhause. Aber es gab auch den folgenden Effekt: Menschen spendeten. Nicht nur die kleine Münze, sondern richtige Summen. Dadurch wurden Einzelpersonen, aber auch christliche Einrichtungen durch eine harte Zeit getragen. Die, die eben finanziell durch die Pandemie gelitten hatten. Laut Oxfam-Studie 2021[79] sind das unglaublich viele Menschen, denn die Pandemie hat die soziale Ungleichheit weiter verstärkt. Das ist erschreckend und aufrüttelnd.

Wir können gut mit »weniger« auskommen. Das ist eine der vielen Erkenntnisse, die wir in der Coronakrise gewinnen konnten.

Verzichten ist nur scheinbar paradox

Das Wort *Verzicht* ist ja zunächst nicht unbedingt positiv besetzt. Im Gegenteil! Da ist die leidenschaftliche Genießerin, die um der schlanken Taille willen die Torte stehen lässt. Bedauernswert? Da ist die ehemalige Alkoholabhängige, die wegen der Gefahr eines Rückfalls lebenslang auf Alkohol verzichtet. Gestraft? Es gibt viele Beispiele, die Verzicht nicht gerade attraktiv erscheinen lassen. Wir verbinden ihn eher mit Verlust, Mangel, Einschränkung. Aber ist das wirklich so?

> Wer anfängt zu verzichten, wird sehr spannende Erfahrungen machen.

Wer anfängt zu verzichten, wird sehr spannende Erfahrungen machen. Ein Augenöffner war für mich die Erklärung eines Naturheilkundlers über intermittierendes Fasten. Er erläuterte den körperlichen Nutzen, wenn Menschen nicht pausenlos durchessen, sondern bestimmte Essenspausen einlegen. Beispielsweise kann man das Abendessen oder Frühstück weglassen, um dem Körper ca. sechzehn Stunden keine Nahrung anzubieten und ihm Ruhe zu gönnen.

Was passiert in dieser Zeit? Es finden diverse körperliche Vorgänge statt, die sehr gesundheitsfördernd und lebensverlängernd sind: U. a. wird die Immunabwehr gestärkt, der Körper gereinigt und entgiftet, der Hormonhaushalt sowie Zucker- und Fettstoffwechsel positiv beeinflusst, die Selbstreparatur im Bereich Schmerzen oder Entzündungen angeregt. Der bekannte Naturheilkundler der Berliner Charité, Professor Michalsen, nennt deshalb Fasten den Impuls der Selbstheilung.[80]

Der Verzicht auf Nahrung ist also letztlich Gewinn. Der scheinbare Verlust ist in Wahrheit ein Segen für den Körper. Was für ein Aha-Erlebnis!

Könnte es sein, dass sich dieses Prinzip »Fasten ist Gewinnen« auch auf anderen Verzicht übertragen lässt? Wie beglückend ist es beispielsweise, wenn wir mit unseren Begabungen oder Finanzen anderen Menschen mehr Lebensglück ermöglichen. Und entspricht das nicht genau dem biblischen Denken, das so häufig unsere Realität hinterfragt?

»Lasst die zu Unrecht Gefangenen frei und gebt die los, die ihr unterjocht habt. Lasst die Unterdrückten frei. Zerbrecht jedes Joch. Ich möchte, dass ihr euer Essen mit den Hungrigen teilt und heimatlose Menschen gastfreundlich aufnehmt. Wenn ihr einen Nackten seht, dann kleidet ihn ein. Verleugnet euer eigenes Fleisch und Blut nicht. Wenn du so handelst, wird dein Licht aufleuchten wie die Morgenröte. Deine Heilung wird schnelle Fortschritte machen. Deine Gerechtigkeit geht dir dann voraus und die Herrlichkeit des Herrn folgt dir nach. Dann wirst du rufen und der Herr wird antworten. Du wirst um Hilfe schreien und er wird antworten: ›Hier bin ich‹« (Jesaja 58,6-9).

Was für kraftvolle Verheißungen! Was für wunderbare Lebensgeschenke! Wenn wir uns auf Verzicht in Gottes Sinn einlassen, werden wir überrascht sein von der Lebensfülle, die wir geschenkt bekommen. Im Herzen. Bereits heute, tagtäglich. Und sicher auch mit himmlischen Auswirkungen später.

Ich möchte deshalb noch tiefer graben, um zu entdecken, was Jesus dazu gesagt und wie er gelebt hat.

Jesus – verschwenderisch großzügig

Hat der Sohn Gottes den Menschen gegenüber mit irgendetwas gespart, als er in seinen drei Wirkungsjahren das Leben mit seinen Nachfolgern geteilt hat?

Jesus hat sich verschenkt.

Im Gegenteil. Er hat sich verschenkt. Konkret hieß das: Er hat alles mit ihnen geteilt. Er hat Menschen seine Zeit gegeben, ihnen zugehört, sie geheilt, gelehrt, herausgefordert, getröstet, sie auf die eigenen Beine gestellt. Er hat sich auf unterschiedliche Fragen und Bedürfnisse von Kindern, Frauen und Männern eingestellt.

Er hat keine gute Tat verschoben, schon gar nicht ein Wunder. Und die zwei, die er zunächst scheinbar *nicht* ausführte, haben später umso verschwenderischer seine Liebe, Kraft und Vollmacht demonstriert: Nachdem Jesus bei der Erkrankung seines Freundes Lazarus nicht gleich zur Stelle ist, weckt er ihn später von den Toten auf (Johannes 11,1-45). Ähnlich die Geschichte rund um die Tochter des Jaïrus (Markus 5,21-43): Während Jesus noch mit der Heilung einer Frau beschäftigt ist, erliegt die Tochter des Jaïrus ihrer Krankheit. Aber Jesus erweckt sie zu neuem Leben. Um beide Personen kümmert er sich also vollmächtig.

Sein Leben auf dieser Erde hat ihn Kraft gekostet, körperliche und seelische. An mancher Stelle in den Evangelien können wir einen Blick in seine Seele werfen, wenn ihn Unglaube oder Unverständnis der Menschen erschütterte. Aber er gab. Allen Enttäuschungen zum Trotz. Selbstlos, kraftvoll, entschieden verschenkte er sich, zum Schluss sogar mit Haut und Haaren.

Seine verschwenderische Liebe war es, die Menschen nach wenigen oder vielen Worten so anrührte, dass sie ihr Leben änderten. Nur so ist zu erklären, dass ein geiziger Zachäus nicht mehr nachrechnete, als er sein Unrecht wiedergutmachte.

Jesus hat weitere ergreifende Situationen erlebt, in denen Menschen verschwenderisch wurden. Beispielsweise, als er im Haus von Simon von einer Frau mit teurem Parfümöl gesalbt wurde (Matthäus 26,6ff) oder als er in der Nähe des Tempel-Opferkastens eine arme Witwe bei ihrer großzügigen Spende beobachtete (Markus 12,41ff).

> Verschwenderische Liebe kann Unglaubliches bewirken.

Schon zu seinen Lebzeiten hat seine Großzügigkeit ansteckend gewirkt. Verschwenderische Liebe kann Unglaubliches bewirken.

Jesus – anspruchslos und unabhängig

Jesus beanspruchte nicht viel. Er verzichtete auf Statussymbole und wählte einen Esel als Reittier, um in Jerusalem einzuziehen. Die Evangelien berichten außerdem, dass er manchmal auf Schlaf verzichtete, um Zeit zum Gebet zu haben. Ebenso auf Nahrung, um am Anfang seiner Wirkungszeit zu fasten und zu beten. Auch blieb Jesus ehelos und verzichtete damit auf Familie. Vor allem verzichtete er auf seine Vorrechte als Gottes Sohn und wurde einer von uns.

Jesus selbst formulierte es kurz und prägnant: »Macht das Reich Gottes zu eurem wichtigsten Anliegen, lebt in Gottes Gerechtigkeit, und er wird euch all das geben, was ihr braucht« (Matthäus 6,33).

Genau das hat er gelebt und ausgestrahlt. Keine Bitterkeit und kein Selbstmitleid, weil er auf irgendetwas verzichtete. Er war unabhängig und frei von materiellen Gütern. Alles, was er tat oder sein ließ, geschah wie selbstverständlich. Sein Lebensstil war selbst gewählt und überzeugend, denn ein anderer hätte nicht zu seiner Berufung gepasst.

Jesus – klar in seiner Lehre

Es ist fast erschreckend, wie häufig Jesus die Themen Finanzen, Teilen und Gerechtigkeit aufgreift. Es ist also nicht zu übersehen: Für Jesus sind diese Herausforderungen zentral. Er kennt unsere Seele durch und durch. Er weiß, wie schwer es ist, einen Menschen aus der Verkrümmung rund um seinen Besitz zu lösen.

Jesus kennt unsere Seele durch und durch.

Den reichen Mann, von dem wir oben schon gelesen haben, schaute Jesus voller Liebe an (Markus 10,21). Gleichzeitig bekommt er klare Worte zu hören, wie man zu einem Schatz im Himmel kommen kann. Jesus bleibt da radikal und ehrlich. Trotz der Liebe von Jesus und vielleicht wegen seiner klaren Worte entschloss sich der reiche Mann leider, bei seinem Reichtum zu bleiben.

Noch drastischer ist die Geschichte vom reichen Mann und armen Lazarus (Lukas 16,19-31). Jesus zeichnet das Bild eines luxuriös lebenden Mannes, der nach seinem Tod Qualen für sich und andere erleidet (seine fünf Brüder, die er vorwarnen und zu einem anderen Lebensstil motivieren möchte). Der eigene Lebensstil wird also himmlische Folgen haben. Jesus stellt fest: Die Menschen lassen sich nicht gerne warnen in Bezug auf ihre Einstellung dem Geld gegenüber.

Zukunftsvision

Als ich persönlich in meine Lebenskrise hineinschlitterte, hatte ich nach einigen Monaten ein Bild vor Augen. Es war das Bild der Frau, die ich gerne werden wollte. Meine Zukunftsvision! Dieses Bild hat Gott selbst in mein Herz gelegt und mir damit eine Kraftquelle geschenkt. Sie war nötig, damit ich mich innerlich auf einen jahrelangen Weg der Verwandlung begeben konnte. Rückschritte konnte ich dadurch leichter überwinden, körperliche Schmerzen besser ertragen und Kraftlosigkeit immer wieder hinter mir lassen.

Eine Vision kann enorme Energien freisetzen.

Eine Vision kann so unglaublich viel in einem Menschen bewirken! Sie kann enorme Energien freisetzen und uns über uns selbst hinauswachsen lassen. Das kann ich aus eigener Erfahrung bestätigen. Ohne meine Vision im Herzen hätte ich wohl irgendwann aufgegeben und meinen persönlichen Heilungsweg nicht weitergehen können.

Jesus malt uns in der Bergpredigt auch eine Vision vor Augen. Es ist das Bild eines Menschen, der sich von der Herrschaft des Geldes verabschiedet hat. Und wie denkt und lebt dieser Mensch?

- sorglos in Bezug auf Essen, Trinken und Kleidung;
- vertrauensvoll in Bezug auf Gottes Fürsorge;
- engagiert, denn er kreist in seinen Gedanken und Taten um das Reich Gottes; Ist beteiligt an etwas Größerem.

So ein Mensch ist nicht mehr verkrümmt. Er ist aufgerichtet. Er ist unabhängig und frei. Er ist ausgerichtet hin zu Gott und anderen Menschen/Projekten.

Dieses Bild kann unsere Zukunftsvision werden! Es wird uns helfen, Rückschritte hinter uns zu lassen und Egoismus zu überwinden. Manche von uns kann sich vielleicht nicht so leicht vom Geld lösen. Jesus aber kann es sehr wohl. Er heißt nicht umsonst unser Erlöser.

TRAUMSTUNDE

Male oder schreibe eine Zukunftsvision von dir selbst: Wie großzügig möchtest du in zehn Jahren sein?
Folgende Fragen können dich anleiten: »In welchem Lebensbereich möchte ich mich noch verändern (lassen)?« (Beispiel: Nahrungsmittel, Fortbewegung, Gegenstände, Nutzgarten, Geschenke, Reisen, Kleidung, Haussanierung ...)
»Welche Gedanken sollen meinen Alltag prägen und meinen Lebensstil bestimmen?«

Tools für Alltags-Großzügigkeit

Großzügig geben

Viele Christinnen orientieren sich am sogenannten Zehnten. Heißt, sie geben zehn Prozent ihres Einkommens für das Reich Gottes. Für Menschen, Kirchen, Institutionen oder Projekte. Für manche ist das wahrscheinlich schon eine große finanzielle Herausforderung, weil das Nettoeinkommen für den monatlichen Bedarf gerade so reicht. Für andere gibt es vielleicht noch mehr Möglichkeiten, weil am Monatsende oft noch etwas übrig ist.

Ich selbst wurde u. a. auch von Freundin Anna beschenkt, die etwas »überhatte«. Sie finanzierte mir damit meine erste begleitete Auszeit für meine Lebensberufung. Diese Freundin sah eine Situation und öffnete Herz und Portemonnaie. Mir hat ihre Art, zu geben, nicht nur starke fünf Tage geschenkt, sondern mich innerlich weiter vorangebracht und letztlich auch wieder großzügiger gemacht.

> **PORTEMONNAIE-TRAINING**
> Beobachte sensibel dein Herz. Gibt es etwas, was dich rührt? Gib aus freiem Herzen eine Summe für einen Menschen oder ein Projekt.

Freigiebig leben

Nicht nur Geld kann man teilen, sondern auch vieles andere: Kenntnisse in unterschiedlichen Bereichen wie Organisation, praktische Hilfe im Alltag wie Fahrdienste, selbst Hergestelltes wie Marmelade, Fähigkeiten wie Gebet oder Mitdenken in Notlagen ... und in allem unsere kostbare Zeit.

Ein Freund von mir hat eine starke soziale Ader. Er kümmert sich um eine hilfsbedürftige Frau seiner Gemeinde, indem er all ihre bürokratischen Dinge regelt. Es ist eine seiner großen Begabungen, die Gott ihm anvertraut hat.

Eine Tante und ein Onkel von mir hatten die Gabe der Gastfreundschaft. Obwohl ihnen nur ein begrenztes Budget zur Verfügung stand, luden sie regelmäßig junge Leute zum Essen und gemeinsamen Beten in ihr Zuhause ein. Ich war als Jugendliche mit dabei. Noch heute zehre ich innerlich davon. Wir erlebten dort echte Gemeinschaft mit Gott und Mensch, hatten Freude, Entspannung und Glück miteinander.

 Welche »Talente« hat Gott dir anvertraut, mit denen du wuchern kannst?

Zum großzügigen Leben kann auch gehören, den persönlichen Lebensstil großzügiger zu machen. Damit meine ich nicht, sich Hummer zum Frühstück zu gönnen, sondern bereit zu werden für kleine Alltagsschritte. Wir können uns fairen Lebensstil etwas kosten lassen: Wer faire Schokolade, umweltschonende Fortbewegung oder fair produzierte Kleidung wählt, muss mehr investieren. Doch mit jeder dieser Kaufentscheidungen verzichten wir zugunsten anderer Menschen, die dadurch weniger ausgenutzt werden.

»Ich finde, Großzügigkeit ist eine der schönsten Eigenschaften eines glücklichen Menschen«[81], schreibt Anja Schäfer. Das klingt motivierend. Mach dich gerne auf ins Glück! Es wird dein eigenes Glück sein. Es wird auch das Glück der anderen sein.

VORBILDERSUCHE

Such dir drei großzügige Vorbilder für dein eigenes Leben. Vielleicht findest du sie unter deinen Freunden, Verwandten oder Bekannten, oder auch unter Promis. Es können aber auch Personen aus der Bibel oder bereits verstorbene bekannte Persönlichkeiten sein. Überlege, wie du Zeit mit ihnen verbringen bzw. etwas über sie lesen kannst.
Sie können dich inspirieren für ein großzügiges Leben.

Freiwillig verzichten

Als unsere Kinder klein waren, gab es einmal in der Woche ein »Soli-Abendessen«. Das bedeutete: Wir gehen in Solidarität zu ärmeren Menschen, als wir es sind. Es gab dann schlicht und ergreifend Butterbrote, Äpfel und Leitungswasser. Das gesparte Geld haben wir in eine Spardose getan und später gespendet.

Mein damals kleiner Sohn fand das anfangs nicht sehr cool, denn er liebte seine Salamibrote. Heute prägt er mich durch seine Verzichtbereitschaft. Er kauft beispielsweise nur absolut notwendige Kleidungsstücke und hat insgesamt nur wenige große Sparprojekte.

Neben dem »Essen für Arme« möchte ich ein anderes interessantes Experiment vorstellen: Man versorgt sich eine Woche lang von jeweils einem Euro pro Tag. Die Differenz zu den üblichen Essensausgaben wird gespendet.[82]

Als die Pandemie in unser Leben kam, habe ich mir folgenden Verzicht angewöhnt: Einmal in der Woche habe ich auf ein Abendessen verzichtet und stattdessen mein Corona-Gebet ausgesprochen. Alle Lasten rund um diese Krise, die mir persönlich bekannt waren, habe ich vor Gott gebracht: mein eigenes Leben, die Herausforderungen meiner Familie und Freunde, meiner Kirche, christlicher Einrichtungen und dieser Welt.

Dieses Corona-Gebet hat mir zum einen geholfen, nicht ständig, sondern zeitlich begrenzt mit diesen Nöten beschäftigt zu sein. Außerdem hat es meinen Blick wöchentlich über mein eigenes Leben hinaus geweitet.

 Worauf verzichtest du bereits?

Großzügiger im Leben

Was mir richtig wehtut, ist, auf Zeit zu verzichten. An einem anstrengenden Donnerstag wurde ich neulich herausgefordert. Denn eine Freundin bat um ein seelsorgerliches Gespräch. Ich musste mir einen Ruck geben, habe aber aus Liebe Ja gesagt.

Ich weiß sehr wohl, dass ich nicht jeden Tag über meine Grenzen gehen darf. Aber an diesem Tag war es richtig so. Und die Folge dieses Zeitgeschenks? Wir erlebten Gottes Eingreifen, indem sich ein Knoten im Leben meiner Freundin löste. Was für ein Geschenk! Diese eine geschenkte Stunde vertiefte meinen persönlichen Glauben, meine Ehrfurcht Gott gegenüber und meine Beziehung zu meiner Freundin. Ihr schenkte sie innere Befreiung.

Nahrungsmittel, Geld, Know-how, Fahrzeuge, Zeit, Gebet, Werkzeuge, Wissen, Zuspruch, Ermutigung ... – all das sind die Jesusschätze, die wir teilen können. Tagtäglich! Im Schenken und Verzichten sind Schätze verborgen. Sie haben himmlischen, ewigen Charakter. Denn durch sie entsteht eine Lebensqualität, die nicht von dieser Welt ist. Jesus wird diese Schätze des Lebens bei sich aufbewahrt haben. Wir werden es miterleben ...

> Im Schenken und Verzichten sind Schätze verborgen.

8. ZENTRIERTER IM GLAUBEN

Junge Sehnsucht

Es war in meinen frühen Teeniejahren. Sehnsüchtig und unruhig war ich. Und wohin zog es mich? Ich sehnte mich nach einer Gottesbegegnung! Wohl deshalb, weil *er* mich zog. Meine gesamte Großfamilie hatte »es« – irgendwie eine persönliche Beziehung zu Jesus. Und ich? Ich hatte noch keine. Ich wollte so gern dazugehören, damals vor allem zur Ortsgemeinde, aber auch zu Jesus. Was ich fühlte, war eine tiefe Sehnsucht nach ihm, dem Erlöser der Welt. Ich war mir sicher, dass ich meine Suche nicht auf später verschieben sollte, sondern dass ich ihn brauchte. Jetzt! Obwohl ich keine steile Sündenkarriere aufzuweisen hatte, spürte ich instinktiv: Ohne Jesus fehlt mir etwas.

> Ohne Jesus fehlt mir etwas.

Nur etwas? Wohl mehr als das! Das Entscheidende. Deshalb fasste ich damals einen Entschluss. Ich folgte meiner jungen Sehnsucht und dem liebevollen Werben von Jesus. Ich ließ es zum ersten Mal zwischen ihm und mir persönlich werden.

Feuriger Start

Dass es bei der »Sache mit Jesus« wirklich im Kern um Beziehung geht, merkte ich an meinem Eifer der ersten Jahre und an der späteren Vertiefung meiner Beziehung zu ihm. Aber zunächst zum Start.

Ich konnte nicht genug bekommen! Ich war wie frisch verliebt! Morgens rasselte der Wecker, damit ich vor der Schule möglichst noch »stille Zeit«, also eine persönliche Zeit mit Gott, haben konnte. In der Schule lebte ich auf die Pause zu: Schüler-Gebetskreis fand statt. Und in meiner Freizeit? Jugendgruppe, Jugendchor, Mitarbeitermeetings, Gemeindechorprobe, Gottesdienst.

Wenn möglich, auch noch das vierzehntägige Gebetstreffen bei Onkel und Tante. Ich nahm alles mit. Selbst meine mir heiligen Sommerferien veränderte ich als Studentin. Ich gab vierzehn Tage meiner Zeit, um in einem sogenannten »Jugendmissionsteam« eine Gemeinde in ihrem missionarischen Engagement zu unterstützen. Noch mehr Gemeinschaft mit Jesus und anderen Christen. Neue Erfahrungen.

Ich war wie frisch verliebt!

Ja, es zog mich. Jesus zog mich.

Frischverliebte sehnen sich ja auch nur nach einem: nämlich beieinander zu sein, sich in die Augen zu schauen, einander besser kennenzulernen. Das treibt voran. Macht erfinderisch. Lässt Briefe schreiben, Handykonsum anwachsen, Geschenke basteln oder lange Bahnfahrten in Kauf nehmen. Genauso waren die ersten Jahre meiner Geschichte mit Jesus. Intensiv, persönlich, erfüllend, glücksspendend.

 Wie hast du deine Anfangszeit mit dem Herrn der Welt in Erinnerung?

Die offene Zahnpastatube

Als Synonym für den Beziehungsalltag, der nicht mehr ganz so rosig ist wie die ersten Dates, steht oft die berühmte offene Zahnpastatube. Es geht weniger um Liebesbriefe und Umarmungen, sondern vielmehr um die ganz normalen Kleinigkeiten im Alltagstrott. Da stören plötzlich Haare in der Dusche, die vergessene Mülltonne am Straßenrand, der Aktionismus am freien Tag oder eben die offene Zahnpastatube. Der Traumpartner muss den Alltagstest bestehen.

Bei vielen Paaren klappt das sehr gut und sie wachsen von nun an in die Tiefe. Weiter, schöner, besser in der Liebe. Andere bleiben in der Dauerreibung oder wechseln in die Isolation. Aus beidem finden sie manchmal nicht mehr heraus. So sucht man sich dann sein Arrangement: Die einen kritisieren sich ständig, andere frotzeln übereinander, manche verstummen vor- und miteinander, wieder andere beschweren sich im Dauermodus bei Mama, Papa oder Freunden über *ihn* oder *sie*. Liebe kann stagnieren oder schleichend abhandenkommen.

Vielleicht hat Gott zu wenig erhört.

Und im Alltagstrott mit Gott? Auch in unserer wichtigsten Beziehung kann die Liebe schwächer werden, schleichend abhandenkommen, sogar scheinbar stagnieren. Ich nenne es »Alltagsärger« mit Gott. Es ist alles nicht mehr so prickelnd, wie wir es vom Zauber des Anfangs kannten.

Wir sind enttäuscht? Vielleicht hat Gott zu wenig erhört. Zu viel zugelassen. Zu viel geschwiegen. Uns zu wenig erklärt. Uns zu viele Verletzungen durch Mitchristen zugemutet. Ja, vielleicht hatten wir uns manches ganz anders vorgestellt und fühlen uns desillusioniert. Frustriert. Im Stich gelassen.

 Gibt es in deinem Leben »geistliche Zahnpastatuben«? Dinge an Gott, die dich auf die Palme bringen oder frustrieren?

Es klingt vielleicht etwas verrückt, aber solche Dinge können uns letztlich wieder näher zu Gott bringen. Vielleicht hat bisher die Zeit oder der Mut gefehlt, sich darüber Gedanken zu machen. Darf man denn so kritisch Gott gegenüber sein? Seinen Frust, Zweifel, seine Fragen und vielleicht sogar Anklagen benennen?

Vor uns haben das schon viele andere gewagt, beispielsweise in den Psalmen des ersten Teils der Bibel oder im Prophetenbuch Jona. Ehrlichkeit bringt Tiefe. Reibung bringt Nähe. Gott hält das aus. Manchmal sind wir vielleicht zu vornehm und zurückhaltend Gott gegenüber. Und wir merken nicht, wie wir uns dadurch isolieren, einigeln, verstummen. Dann wird es Zeit für ein offenes Wort.

FRUSTGEBET

Wage eine herrliche Runde Klartext mit Jesus, wenn sich in dir etwas aufgestaut hat.

Vielleicht geht das gar nicht auf Knopfdruck und du brauchst Zeit dafür. Dann gönn dir diese Zeit. Es kann auch sein, dass du etwas betrauern musst oder eine Last loswerden willst. Falls du spürst, dass du das nicht alleine zwischen dir und Gott klären kannst, dann scheue dich nicht, ein seelsorgerliches Gespräch zu verabreden. Geistliche Begleitung kann dich sehr dabei unterstützen.

Runter von der Couch

Chillen auf der Couch entwickelt sich manchmal zum Beziehungskiller. Das gilt für *ihn*, der es nach den ersten Ehejahren einfach nicht mehr bringt, mal eben mit anzupacken, die Wäsche runterzutragen oder die Wasserkiste zu schleppen. Er zieht die Bequemlichkeit vor. Das gilt für *sie*, die die Netflix-Serie schaut, statt eine Enttäuschung anzusprechen, weil Schweigen einfacher und bequemer ist. Kleine Nachlässigkeiten. Alles nicht schlimm. Aber auf Dauer höhlen sie aus. Machen mürbe, enttäuscht oder misstrauisch. Lassen das Feuer kleiner werden.

Und im Leben mit Jesus? Nach den ersten begeisterten Jesus-Jahren schleicht sich vielleicht Nachlässigkeit ein. Es ist zu anstrengend, morgens in der Bibel zu lesen, unterwegs den Podcast zu hören, abends das geistliche Buch zu lesen oder eine Veranstaltung in der Kirche zu besuchen! Heute passt es wirklich nicht! Wir müssen uns doch auch mal erholen. So wird es gemütlicher im Leben mit Jesus. Wir sind bequem?!

Das Leben mit Jesus verändert sich.

Die Coronakrise hat uns im geistlichen Bereich noch mehr zur Bequemlichkeit verleitet. Plötzlich konnten wir den Gottesdienst vom Sofa aus »gucken«. Und – hast du nicht gesehen – viele fanden das richtig cool: abhängen im heimischen Wohnzimmer, gemütlich im Schlafanzug mit dem Cappuccino in der Hand. Kein Zeitdruck, um pünktlich da zu sein. Keine nervigen Mitchristen treffen.

Stattdessen gemütlich und selbstbestimmt gucken. Vielleicht passt es abends besser, nachdem wir die Radtour gemacht haben. Und wenn es heute gar nicht passt, dann können wir ja immer noch nächste Woche gucken. Mittwoch vielleicht? Das Allerbeste: Wenn uns das »Programm« unserer Kirche nicht ganz befriedigt, dann können wir ja ausschalten oder uns durch die frommen Kanäle switchen.

Das Leben mit Jesus verändert sich, wird teilweise dezimiert – verkleinert statt vergrößert. Wird individuell angepasst. Die Folgen stellen sich, genauso wie in einer Ehe, nicht sofort ein. Erst viel später. Vielleicht dann, wenn wir unversehens herausgefordert sind – durch Kämpfe oder Krisen. Und plötzlich ist keine geistliche Widerstandskraft da. Wir sind einfach schwächer geworden. Zweifelnder. Einsamer. Unsicherer. Matter.

Wem gehört mein Herz?

Für meine Oma wäre es sicher ein absolutes Tabu gewesen, ins Kino oder in den Tanzkurs zu gehen. Das tat man damals nicht. Stattdessen ging man zur Bibelstunde.

Generationen später ist vieles anders. Gott sei Dank! Wir haben uns von manchen einengenden frommen Denkstrukturen befreit. Nun geht der Hauskreis gemeinsam ins Kino, selbstverständlich kennen Christinnen Serien, tummeln sich in Sportvereinen und Fitnessstudios und trinken auf kirchlichen Hochzeiten Alkohol. Wir halten mit. Wir wollen und können mitreden, wenn unsere nicht christlichen Freunde von »ihrem« Leben erzählen. Wir sind frei!?

Sind wir vielleicht gar nicht so frei und fokussiert?

Ich genieße diese Freiheiten. Und ich möchte keineswegs in moralinsaure Vergangenheiten zurück. Aber ich sehe neue Herausforderungen. Nicht jede oder jeder von uns schafft den gesunden Umgang mit all diesen Möglichkeiten. Es besteht die Gefahr, dass wir den vielen Angeboten Unglaubliches zutrauen: Erfüllung und

Glück. Also wollen wir mehr davon. Schleichend erobern die Dinge unser Herz, nehmen Raum ein und machen sich breit.

Sind wir vielleicht gar nicht mehr so frei und fokussiert, wie wir dachten?

Es ist eine uralte Erfahrung. Wir finden sie bereits im ersten Teil der Bibel. Über König Salomo heißt es: »Als Salomo alt geworden war, hatten seine Frauen ihn so weit gebracht, dass er ihre Götter anbetete. Er vertraute nicht länger allein auf den Herrn, seinen Gott, wie sein Vater, König David, es getan hatte« (1. Könige 11,4).

Die Herzensliebe wird geteilt mit diesem und jenem und irgendwo auch noch mit Gott. Unsere Liebe zu Gott kann stagnieren oder abhandenkommen. Irgendwann bemerken wir vielleicht erschrocken unseren »Nebenherglauben«: Neben vielem anderen glauben wir auch noch. Als wenn unsere Jesus-Beziehung sich vergleichen ließe mit einer Mitgliedschaft im Fitnessstudio: Jeden Donnerstagabend ist Sport.

> Die Herzensliebe wird geteilt.

Was kann weiterhelfen, wenn es nicht der Rückschritt in ein Leben mit starren Regeln und Verboten sein soll? Vielleicht der Versuch, ganz schlicht wieder ins Gespräch mit Gott hineinzufinden. Den Faden wieder aufzunehmen. Sei es durch das Stoßgebet, das Beten mit Worten der Bibel (beispielsweise der Psalmen) oder das Tagebuchschreiben zu Gott hin.

Eine andere Hilfe kann sein, eine geistliche Zweierschaft zu leben. Im geschützten Rahmen geben wir einander Anteil, auch über unsere Versuchungen, Herausforderungen, Kämpfe. Wir beten füreinander. Ja, mehr noch, wir bekennen auch unsere Fehler und Niederlagen voreinander und sprechen einander im Namen Jesu frei.[83]

Es könnte der eigene Ehepartner, eine vertrauensvolle Person deines Hauskreises oder ein Mitarbeiter deiner Kirchengemeinde sein, dem du dich anvertraust. So eine Zweierschaft kann innerlich erleichtern und die Beziehung zu Gott wieder freipusten.

 Gibt es in deinem Leben einen Raum, wo du geschützt über eigene Kämpfe reden kannst?

Rauf auf die Couch

Opa Karl! In Kapitel fünf habe ich davon berichtet, wie er im Hier und Heute lebte. Konzentriert. Fokussiert. Ja, er hatte es in Sachen »Zeit mit Gott verbringen« wohl einfacher als wir. Denn da kämpfte weniger um seine Aufmerksamkeit. Für ihn war es selbstverständlich, sich nach dem Rentner-Frühstück im Sessel niederzulassen und dort jeweils ein Kapitel des Alten und des Neuen Testamentes zu lesen. Er hatte ja Zeit. Und er nahm sie sich eben auch. Für uns Enkelkinder eine langweilige Tortur, wenn wir mal dabeisaßen. Aus meiner heutigen Sicht eine unglaubliche Entscheidung, Wichtigem den Vorrang zu geben.

Mir persönlich fällt es zwar relativ leicht, regelmäßig Bibel zu lesen und zu beten. Aber ich kenne sehr wohl eigene Herausforderungen: Da habe ich irgendwann in meinen Kalender einen stillen Tag eingetragen. Plane ich dann die nächsten Wochen, schleicht sich der Gedanke ein: »Kannst und willst du dir dafür wirklich Zeit nehmen? Wo im Moment so viel zu tun ist oder Menschen dich treffen möchten? Willst du den stillen Tag nicht lieber verschieben?«

Unser Leben ist reich an Außenreizen.

Noch etwas lenkt ab: unsere übervolle Gedankenwelt. Unser Leben ist reich an Außenreizen: Konsum, Handy, Veranstaltungen,

TV, Verantwortlichkeiten, Konflikte – all das dringt auf uns ein, möchte sich Raum schaffen. Wir sind abgelenkt!

Ich selbst ertappe mich ab und an dabei, wie übervoll ich selbst in meine Zeit mit Jesus hineinplatze. Manchmal hilft es mir dann, mich laut bei Jesus »auszubeten«. Manchmal schreibe ich meine Gebete auf. Oder ich bete zunächst das Herzensgebet. Ich brauche Zeit und Rituale, um mich erst einmal auszuleeren, bevor ich etwas aufnehmen kann.

Bei Tomas Sjödin habe ich ein wertvolles Zitat gefunden: »Wer ruht, nimmt seine Lebensaufgabe ernst, wer die Ruhe unterschätzt, nimmt sie zu leicht.«[84]

Ein guter Freund von mir erzählte, wie ernst er die Ruhe nimmt: Er hatte sich vier Tage Urlaub genommen, das Handy ausgestellt, Ablenkungen ausgeschaltet. Er suchte aktiv nach Stille. Danach wollte er bestimmte Entscheidungen bezüglich seines Ehrenamts und Berufs treffen. Wow! Was für eine Einstellung!

Manchmal gehören wir also doch wieder auf die Couch, mit der Bibel in der Hand. Vielleicht noch mit dem Tagebuch. Und sonst nichts.

Wie wichtig ist dir die Lebensaufgabe des »Ruhens«?

Reizarmut üben

Notiere deine Entscheidungen der letzten Monate, die dir geholfen haben, deine Ablenkungen auszuschalten:

Rendezvous mit Jesus

Ich bin im Kontext einer Freikirche groß geworden. Schon früh lernte ich: Mitdenken ist erlaubt. Ein wirklich großes Geschenk! Bei Baptisten geschah das »kritische Mitdenken« oft schon beim Sonntagsessen. Sozusagen als Beilage zum Menü. Da wurde sich ausgetauscht – beispielsweise über Predigt, Kleidung, Gebete, Mitchristen. Manchmal war das erheiternd, manchmal fruchtbringend, manchmal aber auch abwertend.

Ich finde es wichtig, dass Glaube und Kirche nicht einfach blind abgenickt werden. Wir sind Menschen mit unterschiedlichen Empfindungen und Einstellungen. Wir dürfen dazu stehen, wie etwas – beispielsweise im Gottesdienst – auf uns wirkt. Außerdem müssen wir ab und an urteilen, damit wir prüfen und das Gute behalten (gemäß 1. Thessalonicher 5,21).

> Der Glaube an Gott wird zu einer Sache.

Aber eine Gefahr ist doch darin: Wir halten uns dadurch manchmal den lieben Gott (und auch unsere Mitchristen) vom Leib. Da gibt es eine kritische Distanz zwischen ihm und uns. Dafür sorgt unser Kopf. Der Glaube an Gott wird zu einer Sache wie viele andere auch. Ähnlich, wie wir uns über eine Impfung oder Parteiprogramme Gedanken machen. Wir sind kritisch distanziert!?

Die Bibel lehrt uns, dass Glaube Kopf und Herz braucht. Auf der einen Seite das Beurteilen und Prüfen. Auf der anderen Seite aber auch das Sich-treffen-Lassen, den emotionalen geistlichen Moment, das tiefe Berührtwerden, die unmittelbare Erfahrung. Ein biblisches Beispiel: »Was sie von Petrus hörten, traf sie ins Herz, und sie fragten ihn und die anderen Apostel: ›Brüder, was sollen wir tun?‹« (Apostelgeschichte 2,37).

Das brauchen wir auch! Die Herzenserfahrung! Es ist erneut wie in einer guten Ehe: Die Herzenserfahrung gibt es nicht jeden

Tag, aber immer mal wieder. Vielleicht ist es das tiefe Gespräch, das wortlose Verstehen oder das gemeinsame Event, und plötzlich spüren beide wieder: Wir sind verbunden. Wir sind eng. Wir sind voller Liebe. Wir vergewissern uns gerade dieser Liebe.

Gott möchte uns Herzenserfahrungen schenken.

Gott möchte uns solche Herzenserfahrungen schenken. Aber es ist wichtig, dass wir ihm die Möglichkeit dazu geben. Manchmal geht es darum, unsere geistlich verschränkten Arme herunterzunehmen. Unsere Abwehr loszulassen. Dann können wir uns öffnen, ihn willkommen heißen, uns innerlich weiten für ihn.

In meinem eigenen Leben mit Gott war es so, dass meine Gefühle der Zuneigung zu Gott eine Bekehrung, eine Erlösung brauchten. Nach rund zwanzig Jahren Christseins geschah das innerhalb meiner Lebenskrise. Es war die Zeit, in der ich überhaupt erst Zugang zu vielen meiner Gefühle bekam.

Diese Befreiung auf seelischem Gebiet hatte zur Folge, dass ich Gott mit einem Mal auf andere Weise erleben konnte. Gott hat sich mir seitdem auf eine Art zu erkennen gegeben, die mir bis dahin eher fremd gewesen war. Ich wurde aufmerksamer für das Wirken des Heiligen Geistes: für Eindrücke anderer Menschen, Unruhe oder Frieden im eigenen Herzen, Träume, Impulse. Gottes vielfältiges Reden.

Immer mehr möchte ich mich danach ausstrecken. Ich weiß, dass man solche Erfahrungen nicht »machen« kann. Und ich erwarte sie auch nicht täglich. Aber ich möchte offen für ein Rendezvous mit ihm sein. Gott steht – sozusagen in Frack und Fliege – oft genug bereit und wirbt um unser Herz.

> **BEZIEHUNGSGEBET**
>
> Mach es dir zur Gewohnheit, von Zeit zu Zeit ein ganz kurzes Gebet zu sprechen: »Jesus in mir, wecke Liebe zu dir!« Damit vergewisserst du dich deiner Beziehung zu Jesus, der ja bereits in dir lebt. Und du hältst dich wach dafür, dass euer Miteinander vertieft wird. Vielleicht schenkt er dir in diesen Momenten einen Gedanken, ein Bibelwort, ein Blick in sein liebendes Herz, einen Jesusfrieden.

Beziehungscheck

Uli und ich versuchen nach Möglichkeit, pro Woche einen Ehe-Abend zu reservieren. Qualitätszeit für uns. Manchmal chillen wir einfach, gehen spazieren oder schauen einen Film. Manchmal versuchen wir, Gott mit Liedern und Gebeten anzubeten. Sehr häufig versuchen wir, tief miteinander zu reden, uns gegenseitig Anteil zu geben an Gedanken und Gefühlen und füreinander zu beten.

> »Jesus in mir, wecke Liebe zu dir!«

Ja, wir sind manchmal fast zu müde, zu beschäftigt oder zu abgelenkt für einen Ehe-Abend. Dennoch erlebe ich immer wieder: Hinterher geht alles besser. Das Gespräch, der Sex, die Pflichten, der gesamte Alltag. Alles nimmt Fahrt auf, weil wir intensiv beieinander waren.

Wir haben gesehen, dass sich auch in unsere Jesus-Beziehung manches einschleichen kann: Ärger und Frust, Bequemlichkeit,

Nebenherglaube, Ablenkung, Distanz. Sicher gibt es noch weitere Einmischungen. Sie können dafür sorgen, dass es »gewöhnlich« wird zwischen Jesus und uns.

Es lohnt sich also, immer mal wieder den Beziehungscheck mit Jesus zu wagen. Grenzenlos ehrlich. Einander gegenübersitzen und in die Augen schauen. Auch wenn wir manchmal fast zu müde, zu beschäftigt oder zu abgelenkt sind.

Vielleicht kommt dann Erschreckendes hoch. Leere, Bedürftigkeit, Enttäuschung, Versagen. Wird Jesus damit zurechtkommen? Dieser Jesus »[…] versteht unsere Schwächen, weil ihm dieselben Versuchungen begegnet sind wie uns, doch er wurde nicht schuldig. Lasst uns deshalb zuversichtlich vor den Thron unseres gnädigen Gottes treten. Dort werden wir Barmherzigkeit empfangen und Gnade finden, die uns helfen wird, wenn wir sie brauchen« (Hebräer 4,15-16).

Boxenstopp aushalten – dein Coronageschenk

Ich interessiere mich nicht besonders für Autorennen, weiß aber, dass der sogenannte Boxenstopp dazu verhilft, ein Fahrzeug in kurzer Zeit wieder fahrtauglich zu bekommen. Faszinierend, wie die Jungs das hinkriegen!

> Wir konnten unser geistliches Leben einem Check unterziehen.

Die Coronakrise hat uns einen langen Boxenstopp beschert. Es ging nicht um Sekunden oder Minuten, sondern um Monate. In dieser Zeit konnten wir unser geistliches Leben einem Check unterziehen. Plötzlich war es nämlich nicht mehr so organisiert für uns, wie wir es kannten. Viele Veranstaltungen konnten nicht –

oder anders als gewohnt – stattfinden. Und viele Christen haben darunter gelitten.

Aber auch darin war letztlich ein Geschenk verborgen. Nämlich in ungeahnter Weise Zeit zur Verfügung zu haben, um Gott neu zu suchen und zu finden. Manche hatten extrem viel Zeit dafür. Andere, die mit Homeschooling oder Kinderbetreuung viel zu tun hatten, weniger.

Dennoch haben einige von uns die bisherige fromme Betriebsamkeit infrage gestellt. Sie sind durchgedrungen zu der Frage: Was brauche ich wirklich, um als Christin wachsen zu können? Möchte ich etwas abschaffen, erneuern, ersetzen?

Andere waren schon vorher nicht so sehr mit christlichen Angeboten überflutet gewesen. Und nun spürten sie in ehrlichen Momenten, dass das Leben mit Jesus leerer, flacher, langweiliger geworden war. Manches erschien trist und gewöhnlich, was früher aufregend und erfüllend gewesen war.

Egal, was nach oben gedrungen ist: Überbeschäftigung oder Flachheit – mit allem kommt Jesus zurecht!

Jede Art von Krise darf zum Boxenstopp des christlichen Lebens werden. Wir dürfen Verantwortung für unser geistliches Leben übernehmen. Das bewirkt, dass unsere Fahrt anschließend zielgerichteter weitergeht: mit Fokus auf Jesus Christus. Mit Sehnsucht nach persönlicher Nähe zu ihm. Mit Wachstum und Wandlung. Mit Tiefe und Erfüllung.

Einzigartig

Ich kenne coole Ehepaare. Denen spüre ich ab: »Wir sind noch nicht fertig miteinander. Sind noch nicht am Ende der Fahnenstange angekommen. Da geht noch etwas.« Paare mit Ausstrahlungskraft wissen demütig: »Wir wollen weiter! Wollen miteinander wachsen. Es bleibt die Aufgabe, bis einer von uns gehen muss.«

Und woher wissen die Paare, dass sich ihr Investment ineinander lohnt? Weil sie um die Einzigartigkeit ihres Partners wissen. Im Grunde geht es darum, immer wieder neu auszuloten: Ja, dieser eine Mann oder diese eine Frau! Sonst keine/r. Er oder sie ist es wert! Mit ihm oder ihr teile ich das ganze Leben. Da kommt keine andere Person heran. Einzigartig und kostbar!

Ist Jesus es wirklich wert, unser ganzes Leben an ihm auszurichten?

Und Jesus Christus? Kann er diesen Test bestehen? Ist er es wirklich wert, unser ganzes Leben an ihm auszurichten? Ihn Mittelpunkt sein zu lassen? Ist er so einzigartig und kostbar? Es geht im Boxenstopp nicht nur um unseren frommen Terminkalender, der vielleicht angepasst werden sollte, sondern vor allem auch um ihn. Um seine Person.

Es wird Zeit, ihn selbst zu Wort kommen zu lassen.

Jesus – Brot des Lebens

Jesus heischte in seinem irdischen Leben nicht nach Aufmerksamkeit. Er setzte sich nicht in Szene, um Anhänger zu gewinnen. Aber er war sich seiner Identität bewusst.

Das Johannesevangelium schenkt uns ausdrucksstarke Bilder, wie und wer Jesus ist. Ich mag besonders dieses: »Jesus erwiderte: ›Ich bin das Brot des Lebens. Wer zu mir kommt, wird nie wieder hungern‹« (Johannes 6,35).

Wenn es frisches Brot gibt, liebe ich es, ein kleines Stück abzuschneiden, gute Butter draufzuschmieren und das Stückchen dann genüsslich im Mund zergehen zu lassen. Brotprobe nenne ich dieses Ritual. Nur auf diese Weise entfaltet sich für mich der volle Geschmack des Brotes. Egal, ob Roggenbrot, Pumpernickel oder Ciabatta, ich mag sie alle. Wie das schmeckt!

Jesus ist mit Galiläern im Gespräch, als er sich »Brot des Lebens« nennt. Es geht ums Sattwerden. Die Galiläer wissen genau, dass man Brot immer wieder braucht. Deshalb bitten sie Jesus: »Herr, gib uns dieses Brot an jedem Tag unseres Lebens.« Die Antwort von Jesus ist eigentlich unglaublich! »Wer zu mir kommt, wird nie mehr hungrig sein.«

Wie bitte? Ein Brot, das ein für alle Mal satt macht? Nie mehr hungrig sein? Wie soll das gehen? Das hat so noch nie funktioniert.

Jesus will nähren. Bedürfnisse stillen.

Weder für die Israeliten, die täglich Manna brauchten (das Himmelsbrot auf der vierzigjährigen Wanderschaft durch die Wüste, 2. Moses 16), noch für die Galiläer damals zur Zeit Jesu.

Jesus will nähren. Bedürfnisse stillen. Das kann er, weil er kein verderbliches Nahrungsmittel herumreicht, sondern sich selbst verschenkt. Seine einmalige Person. Er überbietet damit sogar Erfahrungen aus dem ersten Testament, denn das Manna reichte damals nur für *einen* Tag.[85]

Wie kann man bei Jesus satt werden? Es wird darum gehen, ins Vertrauen zu kommen. Genau das war damals die Herausforderung für die Menschen. Sie hatten viel gesehen, auch viele enorme Wunder. Sie wollten gern mehr davon, denn satt gemacht haben die Wunder nicht. Innerer Hunger wird nicht vom Zugucken, sondern in persönlichen Vertrauensschritten gestillt.

Auch *unsere* schnelle, fromme Antwort lautet vielleicht: »Klar, Jesus kann unseren Hunger stillen.« Sind wir zögerlicher, dann fügen wir vielleicht ein »hoffentlich« dazu. Aber wenn Bequemlichkeit, Alltagsärger, Ablenkung, Distanz oder der Nebenherglaube eingezogen sind? Wenn unser übervolles Leben uns den Kopf verdreht hat, können wir das auch dann noch glauben: Jesus macht satt?

Auch ich kenne Lebenshunger. In ehrlichen Momenten bin ich bereit, meine Sehnsüchte und manchmal sogar Gier zu benennen. Das sind bereits Vertrauensschritte. Ja, ich habe Hunger. Ich möchte ein richtig gutes Leben haben, möchte satt sein und bleiben an Glück, Erfüllung und tausend anderen Dingen. Auch an vielen Erfahrungen mit Jesus. Möchte am Ende eines Tages oder einer Woche sagen können: »Es war gut.« Das möchte ich natürlich erst recht am Ende meines Lebens sagen können: »Es war gut! Erfüllt. Ich bin lebenssatt.«

> Ich möchte ein richtig gutes Leben haben.

Jesus lockt immer wieder ins Vertrauen. Er weiß, dass er etwas zu bieten hat. Mehr als nette Spiritualität, tolle Wunder, christliches Wohlgefühl. Stattdessen echtes, bleibendes Leben. Damit ist Beziehung gemeint. Gemeinschaft. Schon jetzt, aber später auch. Eine Ewigkeit lang. »Ich bin das lebendige Brot, das vom Himmel herabgekommen ist. Wer dieses Brot isst, wird ewig leben; dieses Brot ist mein Fleisch, ich gebe es, damit die Welt leben kann« (Johannes 6,51).

Ewig, das heißt grenzenlos, zeitlos, beständig, für immer. *Ewig* ist ein fast unglaubliches Wort in unserer rasanten Zeit. Es wirkt sehnsuchtsstillend. Unser Hunger wird eben nicht durch die häufige Abwechslung, den heutigen Genuss, das rastlose Habenwollen oder den wechselhaften Trend gestillt. Sondern durch die zeitlose Beziehung zum Herrn der Welt. Sie hat einzigartige Qualität. Es ist der Reichtum in unserem Innersten. Mancher ungestillte Hunger unseres Lebens erinnert uns daran, dass wir für mehr gemacht sind als für diese Welt.

HUNGERLISTE

Wovon möchtest du satt werden? Bring Jesus deinen unbändigen Hunger – wonach auch immer. Vielleicht nach Sinn, Glück, Erfüllung, Anerkennung, Liebe, Freude, Unvergänglichkeit ...? Schreib jeden einzelnen Hunger auf eine Karte, stell sie vor dich hin und gib sie innerlich an Jesus ab. Anschließend kannst du sie in deine Bibel legen. Beobachte, was in den kommenden Monaten geschieht.

ABENDMAHLSFEIER

Feiere das Abendmahl mit deinem Partner, deiner Familie, deiner WG oder in deiner Kirche. Feiere die bleibende Verbundenheit mit Jesus. Wenn du magst, backe ein Brot dafür.

Jesus – guter Hirte

Noch ein ausdrucksstarkes Bild, mit dem Jesus uns seine Identität verrät: »Ich bin der gute Hirte. Der gute Hirte opfert sein Leben für die Schafe« (Johannes 10,11).

Hirtenszenen! Für mich als ehemalige Lüneburgerin die idyllische Erinnerung an die Lüneburger Heide. Herrliche Heidelandschaft, bizarre Kiefern, dazwischen meckernde Schafe und einsame

Spaziergänger. Für orientalische Ohren ein Wort, das nach Verantwortung klingt. Umsicht, Fürsorge, Verteidigung waren zentrale Aufgaben von Hirten.

Jesus ist also in der Lage, auf dich und mich achtzugeben? Mich spricht dieses Bild an. Unser »kleiner« Alltag im 21. Jahrhundert braucht den umsichtigen Blick von Jesus. Gerade weil wir heute oft so überflutet und unruhig, verführt und verletzt, beschwert und belastet, getrieben und gedrängt sind.

Schafe können sich verrennen. Sie können die falsche Richtung ansteuern, einfach mitlaufen, Gefahren übersehen, sich in Dornen verheddern, vor sich hin trotten. Wir Menschen können es auch. Und dann?

Schauen wir mal eben in eine Ehe oder Zweierschaftsfreundschaft: Es kann passieren, dass die eine oder der andere sich verrennt. Es sind die falschen Gedanken, Gedankenlosigkeit, unkluge Entscheidungen oder der Druck von außen. Plötzlich ist die Richtung nicht gut, die eine von uns einschlagen möchte. Aber wir beide haben acht aufeinander. So kommt es vor, dass wir einander liebevoll und ernsthaft die Meinung sagen. Vielleicht erkennen wir bereits am Blick des anderen: Oh, jetzt wird es ernst! Da wir einander vertrauen, lenken wir ein. Mal der eine, mal die andere. Wir verlassen die ungute Spur. Finden wieder zurück.

> Jesus sieht unser Verrennen. Er kann uns überall aufstöbern.

Hast du etwas gemerkt? An der Stelle darfst du im geistlichen Leben passiv sein. Jesus machen lassen. Jesus sieht unser Verrennen. Er kann uns überall aufstöbern. »Wenn jemand hundert Schafe hätte, und eines würde weglaufen und sich in der Wüste verirren, würde er dann nicht die neunundneunzig Schafe zurücklassen, um das verlorene zu suchen, bis er es wiedergefunden hätte?« Originalton Jesus in Lukas 15,4.

Einer hat also den Überblick. Außerdem Eifer. Er sucht uns nicht aus Pflichtgefühl oder macht Dienst nach Vorschrift. »Der bezahlte Arbeiter läuft davon, weil er nur angeworben wurde und die Schafe ihm nicht wirklich am Herzen liegen. Ich bin der gute Hirte« (Johannes 10,13-14).

Jesus ist durch und durch gut. Seine Motivation ist die selbstlose Liebe. Eifrige Liebe. Sonst nichts. Deshalb kann er gut auf uns achtgeben. Wir können ihm also vertrauen.

Und wie wird er suchen, führen und lenken? Genauso wie es in guten Beziehungen läuft: über die Stimme. Kommunikation ist der Schlüssel. **Jesus ist durch und durch gut.**

»Meine Schafe hören auf meine Stimme; ich kenne sie, und sie folgen mir« (Johannes 10,27).

Deshalb ist es also wichtig, nicht in Bequemlichkeit zu versinken, sondern uns im Glauben zu fokussieren. Damit wir im Stimmenwirrwarr seine Stimme heraushören. Sie dringt zu uns durch die Bibel, durch Menschen, Situationen, Eindrücke, Frieden oder Unfrieden im Herzen, die Schöpfung, Engel, Wunder, den Heiligen Geist, Einsamkeit ... Hier dürfen wir also wieder aktiv werden, wir dürfen die geistlichen Ohren putzen, um seine Stimme zu hören. Ganz auf Empfang eingestellt!

Auf welche Art und Weise konntest du bisher in deinem Leben die Jesusstimme gut hören?

Hören ist nicht immer einfach. Jedenfalls mir geht es so. Es kann Missverständnisse geben, auch im Leben mit Jesus. Wenn ich persönlich mich unsicher fühle, dann frage ich nach: »Jesus, wie hast du das gemeint?« Ich will mich offenhalten dafür, dass er dranbleibt und weiterspricht. Sich noch einmal Zeit nimmt. Mir etwas erklärt.

Jesus – bester Freund

Unglaublich schön ist Jesu Freundschaftserklärung an dich und mich: »Ich nenne euch nicht mehr Diener, weil ein Herr seine Diener nicht ins Vertrauen zieht. Ihr seid jetzt meine Freunde, denn ich habe euch alles gesagt, was ich von meinem Vater gehört habe« (Johannes 15,15).

Hören ist nicht immer einfach.

Ganz ehrlich: Ich genieße Freundschaften! Wie herrlich ist das, wenn man sich gut kennt, sich innig vertraut. In meinem Leben gibt es solche gewachsenen Beziehungen. Wir lachen, bis die Tränen kommen, weinen miteinander, feiern mit Brot und Wein, unternehmen kuriose Aktionen, kennen uns ungewaschen nach kurzer Nacht. Und vor allem reden wir! Wir teilen Glück und Erfolg, genauso aber Tiefschläge, Herausforderungen, Sorgen, Versagen. Das schweißt zusammen. Das macht glücklich. Da ich Einzelkind bin, genieße ich diese tragfähigen Beziehungen ganz besonders.

Können wir Jesus zum Freund haben? Ist da nicht viel zu viel Abstand, weil wir ihn als Person nicht leibhaftig sehen und spüren können?

Ich weiß, dass Jesus diese menschlichen Grenzen überwinden kann, seine Nähe dennoch zeigen kann. Meine schwere Lebenskrise, die mich ab 2002 viele Jahre beschäftigt hielt, hat mich in eine innige Beziehung zu Jesus hineinwachsen lassen. Ich durfte ihn deutlich erleben.

Jesus nennt uns seine Freundinnen!

Er war da, als sich in meinem Leben Abgründe auftaten. Ich habe dieses Elend mit ihm geteilt. Und er war da, als ich unsicher und erwartungsvoll in ein gesundheitlich gebessertes Leben hineinwuchs. Ich teile also auch mein Glück mit ihm. Ja, besonders meine Krisenzeit hat uns zusammengeschweißt, denn ich blicke dankbar zurück auf viele unerwartete Erfahrungen mit ihm. Auch deshalb vertraue ich darauf, dass er seine Freundschaft jedem Menschen zu zeigen weiß.

Jesus nennt uns seine Freundinnen, weil auch er sein Tiefstes mit uns geteilt hat, nämlich alles, was ihm wichtig ist: »[…] die erhellenden, beglückenden und befreienden Worte von Gott, seinem Vater, die auch unser menschliches Sein und Leben erhellen können.«[86]

Und wie hat Jesus Freundschaft gelebt? Ganz praktisch können wir das nachempfinden, wenn wir in seine Freundschaftsbeziehungen eintauchen, beispielsweise zu den Schwestern von Lazarus. Aber auch außerhalb der Bibel haben Frauen (und Männer) Jesus gern als ihren Freund bezeichnet. Beispielsweise die spanische Mystikerin Teresa von Ávila.[87] Davon können wir uns inspirieren lassen.

Keiner liebt uns mehr als er.

Aber es geht natürlich auch ganz anders. Indem wir einfach das mit Jesus entwickeln, was uns persönlich wichtig ist.

Mir persönlich ist die Freundschaft zu Jesus so kostbar, einmalig und besonders, dass ich sie für nichts anderes eintauschen würde. Keiner liebt mich mehr als er. Keiner fordert und fördert mich stärker als er. Keiner darf mir so viel sagen wie er. Diese Freundschaft navigiert mich durchs Leben. Sie verändert sich. Wird tiefer und inniger.

Wie würdest du deine Freundschaft mit Jesus beschreiben?

Alltagstools

 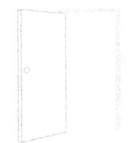 

Innerlich leer werden

Es war schon die Rede davon, dass wir Rituale brauchen, um unseren Alltag erst mal innerlich loszuwerden. Das wird uns helfen, uns besser fokussieren zu können. Einige praktische Anregungen:

- Handyfreie Zone einrichten. Zu bestimmten Zeiten oder an bestimmten Tagen bist du nicht erreichbar.
- Sich frei schreiben. Schreib dir alles von der Seele, was dich beschäftigt: Konflikte, Eindrücke, Anforderungen, Aufgaben … Richte dir dafür ein schönes Jesusbuch ein.
- Sich frei beten. Rede dir alles von der Seele, was dich beschäftigt. Das geht laut oder leise.
- Etwas ablegen. Nutze eine »Lasten-Dose«, in die du größere Sorgen oder Langzeitkonflikte auf einem Zettel ablegen kannst.
- Etwas bekennen. Wenn du eine Schuld in deinem Leben erkannt hast, kann es hilfreich sein, sie einem vertrauten Menschen zu bekennen. Das geht im Gespräch oder per Telefon.
- Etwas verbrennen oder versenken. Es kann Lasten geben, die dich innerlich sehr stark beschweren. Notiere sie auf einem kleinen Zettel. Anschließend kannst du sie verbrennen oder in einem See/Fluss versenken.

- Hunger-Karten schreiben. Notiere auf Karten jeden einzelnen Lebenshunger (siehe oben). Lege die Karten anschließend in deine Bibel, und sei aufmerksam dafür, was sich in den nächsten Wochen und Monaten in deinem Leben tut.
- ...

Ehrlich werden

Es tut gut, für das Leben mit Jesus Zeiten einzuplanen, die uns neu ausrichten können. Sozusagen ein Boxenstopp oder eine persönliche Rendezvouszeit.

- Geh nach dem Gottesdienst oder Hauskreis mit Jesus spazieren.
- Probiere einen stillen Tag, ein stilles Wochenende oder eine stille Woche.

Sich innerlich füllen lassen

Wir brauchen auch Rituale, mit denen wir uns auf Jesus fokussieren können. Auf die bekannten Formen wie Losungen-Lesen, Stille-Zeit-Gestalten, Gottesdienst-Besuchen gehe ich an dieser Stelle nicht ein.

- Bete das »Rendezvous-mit-Jesus-Gebet«: »Jesus in mir, wecke Liebe zu dir!«
- Suche dir Bibelverse. Schreib sie auf Karten und lerne sie nach und nach auswendig. So entsteht ein Schatz in deinem Herzen.

- Meditiere. Halte Stille vor Gott aus. Vielleicht schaffst du am Anfang nur einige Minuten.
- Erwarte Gottes Reden durch die Bibel, durch Menschen, Situationen, Eindrücke, Frieden oder Unfrieden im Herzen, die Schöpfung, Wunder, Engel, Einsamkeit ...
- Suche Einsamkeit. Sie ist aus meiner Sicht die schwerste, aber eine sehr lohnende Form, Gottes Reden wahrzunehmen.[88]
- Baue dir Jesus-Momente in deinen Alltag ein: Nutze Leerlaufzeiten (Abwasch, Autofahrt, Bügeln, Warten beim Arzt ...) zum Reden mit Gott oder zum Hören eines Bibeltextes.
- Schaffe dir Erinnerungszeichen: ein Bibelvers am Kühlschrank oder im Portemonnaie, ein Bild an der Wand ...

Kreativ werden

Gönn dir einen Nachmittag oder Abend, an dem du eine Collage gestaltest mit dem Thema: »Meine Freundschaft mit Jesus«. Folgende Gedanken können dich dabei leiten:

- Mein Start mit Jesus *(roots)*
- Höhepunkte, Tiefpunkte oder Sendepausen in unserer Beziehung, beispielsweise Taufe, Krisen, Gottmomente *(ups and downs)*
- Veränderungsmomente oder -zeiten, beispielsweise neue Rituale, die du im Leben mit Gott ausprobiert hast *(change)*

Und leg eine zweite Collage an: »Meine Träume für meine Freundschaft mit Jesus«: Wo möchte ich in zehn Jahren sein *(dreams)*? Welche praktischen Schritte werde ich brauchen?

Und noch weitere Tipps:

- Versuche, einen stillen Tag zu gestalten – zu Hause oder in einem Einkehrhaus.
- Mach eine mehrtägige Wanderung oder Fahrradtour zu einer Jesuszeit.
- Probier eine Schweigezeit in einem Kloster.

Zentrierter im Glauben

Die Geschichte von Mark, einem Bekannten, hat mich berührt: Da gab es eine Sendepause zwischen ihm und Gott. Nach stillen Jahren hat er daran etwas ändern wollen. Die alte Sehnsucht, Jesus wirklich als sprudelnde Quelle seines Lebens wiederzufinden, trieb ihn voran. Und natürlich hat Jesus sich darauf eingelassen. So ist ein guter Freund. Er wartet mit offenen Armen.

Jesus wartet mit offenen Armen.

Mark konnte das erleben, was auf uns alle wartet: »Reichtum liegt nicht in den Dingen, die wir haben, nicht im Genuss, den wir erleben, sondern in dem Ausmaß, in dem wir geliebt werden. Wer Gottes Liebe hat, hat alles und kann andere daran teilhaben lassen. Das ist leichter geschrieben als umgesetzt. Vor allem deshalb, weil unser innerer Kompass und die Wegweiser der Welt oft in eine andere Richtung zeigen. Wir müssen lernen, Gott und seinen Versprechen zu vertrauen. Ein lebenslanger Prozess.«[89]

Egal, wo wir im Augenblick stehen: Wie schön, dass in der Beziehung zu Jesus noch sooo viel möglich ist! Erfahrungen, Tiefe, Überraschungen, Neuerungen, Reichtum, Erkenntnisse, Gebetserhörungen, Wunder, Befreiungen, Segen. Lass dich mitnehmen in ein wachsendes Leben mit einem starken Gott. Lass dich überraschen. Dein nächster Schritt braucht ähnlich wie beim Ehestart nur ein: »Ja, ich will! Mit Gottes Hilfe!«

ANDERS LEBEN GEHT (FAST) IMMER

Ein Prise Barmherzigkeit?

»Ich habe so unglaublich viele Ideen, was ich gerne in unserer Kirche tun würde. Immer viel mehr Ziele, als ich selbst verwirklichen kann«, sprudelt es aus Lena heraus. Sie ist auch eine Häwelfrau.

»Man könnte sich auch noch politisch engagieren, weil es mehr bringt als unsere individuellen Schritte.« Alwa denkt laut vor sich hin.

»Am liebsten würde ich unserer Großen jetzt ein Auto finanzieren. Dabei bin ich ja froh, wenn wir die Studienunterstützung schaffen«, lacht Evelin.

»Ich würde das so gerne organisieren, aber meine Gesundheit gibt es nicht her.« Silvia flüstert es mehr, als dass sie sprudelt, denn eine chronische Erkrankung bremst die ehemalige Häwelfrau aus.

Immer wieder dürfen wir zunächst loslassen.

»Der Familie von nebenan geht es richtig schlecht. Ich würde so gerne mit anpacken. Aber ich brauche meine Kraft für meine eigenen Leute.« Tanja bemerkt das etwas frustriert.

Ich ahne: Für Frauen, die im Herzen Macherinnen sind, wird das Leben herausfordernd bleiben. Weil wir die Welt sehen, wie sie ist. Weil uns viel anvertraut wurde. Weil wir manchmal an dem leiden, was *nicht* ist. Daran, dass wir manches lassen müssen, wie es ist.

Deshalb zum Schluss eine Prise Barmherzigkeit: Anders leben geht nicht immer. Aber immer wieder dürfen wir zunächst loslassen. Ballast, Sorgen, Wünsche, Ideen. Auch Ansprüche an uns selbst oder andere. Wir dürfen barmherzig werden. Wie war das doch gleich? *Mehr, mehr* war ja gar nicht das gute, befreiende Codewort. Stattdessen an der richtigen Stelle: *weniger!*

Rotstift-Aktionen

Wann und wie habe ich denn meinen eigenen Anfang mit dem *Weniger* genommen? In meinem ersten Krisenjahr 2002 habe ich mutig zum Rotstift gegriffen. Um damit Dinge zu streichen. Nicht nur aus dem Hinterkopf – das wäre ja noch recht einfach gewesen. Nein, grundsätzlicher: Ich habe mein Leben reduziert.

> Ich habe mein Leben reduziert.

Ich war eine junge Mutter, chronisch krank und hoffnungslos überlastet. Obwohl das so war, stand ich wie gelähmt neben mir und sah einfach nur hilflos zu, wie es ständig mit mir bergab ging.

Aber dann! Damals reduzierte ich zum ersten Mal meine Tages- und Wochen-Termine. Damit es mir und meinen Kindern besser gehen sollte. Puh! Aufatmen! Diese Rotstift-Aktion hat mir damals mehr Leben und Kraft zurückgeschenkt, als es je ein Urlaub tat. Auch keiner auf Juist.

Vor allem aber hat sie mich hoffnungsvoll gemacht: Mein Leben geht oft auch anders! Und damit besser, leichter, stärker, schöner. Ich habe die Möglichkeit, innerhalb kurzer Zeit – vielleicht sogar von Minuten – Dinge anders zu entscheiden und zu leben als bisher. Dieser erwachte Mut hat mich seither nie mehr verlassen. Er leitet mich an, innezuhalten, zu streichen und loszulassen, wenn es für mich dran ist.

Weniger als Codewort für erfülltes Leben? Ich glaube, dass es so ist. »Es ist an der Zeit, das verhängnisvolle Lebensmodell des ewigen Mehr infrage zu stellen.«[90] So Tobias Esch, der Neurowissenschaftler, Allgemeinmediziner und Gesundheitsforscher. Auch ein Liebhaber des *Weniger*, wenn auch teils in anderen Lebensbereichen – beispielsweise der Medizin –, als ich sie unter die Lupe genommen habe.

Zurück zu meinem *Weniger*. Es ist meine Sehnsucht, mit Überflutung und Unruhe, Konsum, Lasten und Antrieben weise umgehen zu können. Manches davon lässt sich recht einfach begrenzen. Beispielsweise durch die Aufschrift auf dem Briefkasten: Bitte keine Werbung! Anderes brauchte den tiefen Blick. Auch den auf die inneren Wunden. Das schmerzte zunächst, bevor es mich glücklich machte.

Vielleicht gibt es noch weitere als die von mir genannten Lebensbereiche, die ein *Weniger* brauchen? Jede darf also gerne dieses Buch weiterschreiben ...

 Wovon brauchst du »weniger«?

Die Motivation

»Ich danke dir, dass du mich so herrlich und ausgezeichnet gemacht hast!« (Psalm 139,14). Dieses schlichte Psalmwort ist für mich eine wichtige Motivation, Verantwortung für mein Leben zu übernehmen. Hey! Du und ich, wir sind so fantastisch gemacht. Und dieses Prachtgeschenk hat Gott uns anvertraut: unser Leben! Damit wir weise damit umgehen. Bewusst. Verantwortlich. Behutsam. Liebevoll. Auch und gerade uns selbst gegenüber.

In meinem Herzen lebt deshalb oft das folgende schlichte Gebet, ebenfalls aus Psalm 139:

> **ALLTAGSGEBET**
> »Zeige mir, wenn ich auf falschen Wegen gehe, und führe mich den Weg zum ewigen Leben« (Psalm 139,24).

Vielleicht habe ich mich mal wieder überladen oder andere haben es getan? Vielleicht habe ich mich antreiben lassen? Dieses Gebet lädt den Hirten ein, mich im Alltag aufzustöbern und anzustoßen.

Der Preis

Es gibt ja Spürhunde. In Krimis sollen sie ein Verbrechen aufklären helfen und außerdem unsere Spannung auf dem heimischen Sofa erhöhen. Ihre Aufgabe ist es, dieses oder jenes aufzuspüren. Nicht selten ist das Erschrecken groß, was dann zutage kommt.

Ein bewusstes Leben kostet Mut.

Und in unserem Leben? Da brauchen wir keinen Hund an die Arbeit zu jagen. Aber wir können selbst bemerken, was bei uns los ist. Welche Leichen vielleicht im Keller liegen. Welche Ziele wir vielleicht verfehlen.

So ein bewusstes Leben kostet Mut. Es bedeutet, immer wieder demütig zu werden und umzukehren.

Egal, ob wir eine Veranstaltung unserer Kirche für uns streichen, ein anderes Produkt als bisher kaufen, eine Pflicht sein lassen oder gar einem Drängler den Wind aus den Segeln nehmen – all das kostet Nachdenken, Mut, Energie. Manchmal vielleicht eine schlaflose Nacht. Vielleicht kostet es sogar Geld oder erfordert ein Konfliktgespräch.

Weniger fühlt sich am Anfang nicht unbedingt köstlich an. Nur manchmal. Später aber ... umso mehr.

Der Gewinn

Ja! Wir werden sehr viel gewinnen: Von Zufriedenheit und Ruhe, Augenblicksliebe und Wachheit, Genuss und Sinnlichkeit, Großzügigkeit und Mitgefühl war die Rede. Vor allem können wir in eine immer tiefere Beziehung mit Gott hineinwachsen. Das ist köstlich.

Wir können diese Grundzüge aus dem Leben von Jesus ablesen. Über manches hat er gesprochen, anderes hat er uns einfach vorgelebt. Damit hat er zeitlose Impulse für ein tief erfülltes Leben gesetzt. Wer sie in sein Heute »übersetzt« und ins eigene Leben integriert, hat Lebensqualität, denn für Wesentliches ist Raum geschaffen.

Erinnerst du dich an meinen Keller, der manchmal »zumüllt«? Wir haben die Möglichkeit, uns dafür zu entscheiden, dass unser Leben besser aussieht als der Wendel-Keller.

Jesus lebte in mancher Hinsicht reduziert, um Zeit für sein Wesentliches zu haben.

 Was ist dein »Wesentliches«?

Zu diesem ausbalancierten Leben lädt Jesus ein. Nicht zögernd oder drängend, aber entschieden und überzeugt. Ist es nicht unfassbar, dass der Sohn Gottes vor rund zweitausend Jahren das leben konnte, was wir heute so dringend benötigen? Ich habe beim Schreiben immer wieder über den zeitlosen Mehrwert gestaunt.

Jesus ist für mich aber weit mehr als ein guter Lehrer oder stärkendes Vorbild. Er ist der Herzenskenner. Er kennt sich bestens mit uns aus. Deshalb sind seine Impulse so zeitlos. Und er bleibt der Heiland. In unserem Leben kann er alte Wunden heilen und neue Verhaltensweisen freisetzen. Das braucht Kraft und Vollmacht. Er hat sie.

Jesus bleibt der Heiland.

DANKE

Danke, mein Bester, für deine Art, meine Berufung zu unterstützen. Das ist genial. Und danke für alles, worin du mir Vorbild bist: Du konntest schon »versinken«, lange bevor ich es gelernt habe.

Danke meinen Kindern Lisanne, Nils und Samy. Euer Leben gibt mir manche guten Denkanstöße. Ich wünsche euch so von Herzen gelingendes, erfülltes, gesegnetes Leben.

Danke meinen Eltern. Ihr habt vieles mit mir und anderen Menschen geteilt.

Danke, Opa Karl. Du lebst nicht mehr hier, aber dieses Buch hat mir gezeigt, wie viel von dir in mir lebt.

Danke an meine Seelsorgerin. Es gibt Beziehungen, die im Himmel gestiftet werden, damit auf Erden Himmlisches passiert.

Danke euch Freunden und Bekannten, deren Geschichten, Erlebnisse, Einstellungen dieses Buch bereichert haben. Danke, dass wir gemeinsam unterwegs sind.

Danke meinen Unterstützern, die ihr für dieses Schreibprojekt gebetet habt.

Danke, Tabea Halbmeyer vom SCM Verlag, für dein Mitdenken und Fördern. Das ist groß. Danke, Jordan Asshoff vom SCM Verlag. Du machst so eine gute Background-Arbeit. Danke meiner Lektorin Damaris Müller für das sorgfältige, konstruktive Feedback: kritische Rückfragen, Ermutigung und Lob.

Danke, Jesus, bester Freund, Hirte, Erlöser, *miracle maker*. Danke für deine unfassbare Leitung beim Schreiben dieses Buches.

LITERATUR

Admiral, Eva-Maria / Friese, Annette: Schön ohne Aber, SCM Hänssler, Holzgerlingen 2020

Braun, Andrea: Weniger ist oft mehr. Wie wir mit kindlichem Konsum umgehen und Suchtgefahren vorbeugen können, Kösel Verlag, München 1998

Bruners, Wilhelm: Wie Jesus glauben lernte, Herder Verlag, Freiburg im Breisgau 2006

Burkhardt / Grünzweig / Laubach / Maier (Hrsg.): Das große Bibellexikon, Brunnen Verlag, Gießen 1996

Clairborne, Shane: Ich muss verrückt sein, so zu leben, Brunnen Verlag, Gießen 2006

Daniel-Rops, Henri: Er kam in sein Eigentum. Die Umwelt Jesu, Deutsche Verlagsanstalt, Stuttgart 1964

Derra, Claus / Schilling, Corinna: Achtsamkeit und Schmerz. Stress, Schlafstörungen Stimmungsschwankungen und Schmerz wirksam lindern, Klett-Cotta Verlag, Stuttgart 2017

Dunn, James D.G.: Jesus, wie das Neue Testament ihn sieht, Deutsche Bibelgesellschaft, Stuttgart 2020

Esch, Tobias: Mehr nichts! Warum wir weniger vom Mehr brauchen, Goldmann Verlag, München 2021

Faszination Bibel: Sonderheft Jesus Christus, SCM Bundes-Verlag, Witten 2021

Fensterheim, Herbert / Baer, Jean: Sage nicht Ja, wenn du Nein sagen willst, Orbis Verlag, München 1993

Gebrüder Grimm: Die schönsten Märchen, Hugendubel Verlag, Kreuzlingen/München 2001

Grün, Anselm: Bilder von Jesus, Vier-Türme-Verlag, Münsterschwarzach 2001

Grün, Anselm: Herzensruhe. Im Einklang mit sich selbst sein, Herder Verlag, Freiburg im Breisgau 2014

Guardini, Romano: Die menschliche Wirklichkeit des Herrn. Beiträge zu einer Psychologie Jesu, Werkbund-Verlag, Würzburg 1958

Härry, Thomas: Von der Kunst, sich selbst zu führen, SCM R.Brockhaus, Witten 2015

Hemfelt, Robert / Minirth, Frank / Meier, Paul: Mut zur Liebe, Gerth Medien, Aßlar 2005

Hybels, Bill: Gottes leise Stimme hören, Gerth Medien, Aßlar 2011

Jäger, Stefan S.: Megatrend Achtsamkeit. Ein Blick aus christlicher Perspektive, in: P&S, Magazin für Psychotherapie und Seelsorge, SCM Bundes-Verlag, Witten 2021

Kleinschmidt, Carola: Intervallrasten, in: Hirschhausen Stern Gesund leben, Ausgabe 6/2021, Hamburg 2021

Küstenmacher, Werner Tiki / Seiwert, Lothar: simplify your life. Einfacher und glücklicher leben, Campus Verlag, Frankfurt 2003

Leithold, Karolina: Dein Buch über Nachhaltigkeit. Plastikfrei leben und nachhaltig handeln im Alltag, um die Welt zu retten, Independently published 2020

Mailänder, Daniela: Nervige Phrasen und theologische Gedankensplitter, in: Aufatmen 1/2022, Witten 2022

Michalsen, Andreas: Heilen mit der Kraft der Natur, Insel Verlag, Berlin 2017

Nell, Matthias: Wenn Jesus sich verständlich macht. Die »Ich-bin«-Worte und ihr alttestamentlicher Hintergrund, Faszination Bibel 1/2019, Witten 2019

Neues Leben. Die Bibel, SCM R.Brockhaus, Holzgerlingen 2017

Pahl, Chris / Kopjar, Karsten: Selig sind die Handynutzer. Wie Medien den Glauben rauben – Wie Medien den Glauben stärken, Brunnen Verlag, Gießen 2020

Pfeifer, Samuel: Psychosomatik. Wie können wir die Sprache des Körpers verstehen? Riehen 2005

Rienecker, Fritz / Maier, Gerhard / Schick, Alexander / Wendel, Ulrich: Lexikon zur Bibel, SCM R.Brockhaus, Holzgerlingen 5. Aufl. 2021

Rodemann, Evi: 1 Euro am Tag, in: andersLEBEN 2/2021, Witten 2021

Rust, Heinrich Christian: Zuhause in der Schöpfungsgemeinschaft. Dimension einer ökologischen Spiritualität, Neufeld Verlag, Cuxhaven 2021

Schäfer, Anja: Ganz schön fairrückt. Wie ich anfing, mich für Gottes gute Welt einzusetzen, Neukirchener Verlag, Neukirchen-Vluyn 2019

Schmidt, Ursula und Manfred: Hörendes Gebet, GGE-Verlag, Hann. Münden 2010

Schnackenburg, Rudolf: Freundschaft mit Jesus, Herder Verlag, Freiburg im Breisgau 1995

Sein Wort – meine Welt. Die Studienbibel für das 21. Jahrhundert, SCM R.Brockhaus, Witten / Christliche Verlagsgesellschaft, Dillenburg 2016
Sieglar, Jennifer: Umweltliebe. Wie wir mit wenig Aufwand viel für unseren Planeten tun können, Piper Paperback, München 2019
Sjödin, Tomas: Warum Ruhe unsere Rettung ist. Stell dir vor, du tust nichts und die Welt dreht sich weiter, SCM R.Brockhaus, Witten 2016
Sohst, Kathrin: Zart im Nehmen. Wie Sensibilität zur Stärke wird, Gabal Verlag, Offenbach 2016
Sorbara, Sonja: Du sprichst zu mir. Wie Gottes Stimme dein Leben prägt, SCM R.Brockhaus, Holzgerlingen 2021
Spieker, Markus: Jesus. Eine Weltgeschichte, Fontis, Basel 2020
Storm, Theodor: Der kleine Häwelmann, Neugebauer Verlag, Zürich 1995
Stutz Pierre / Burggrabe, Helge: Menschlichkeit JETZT!, Patmos Verlag, Ostfildern 2021
Tournier, Paul: Krankheit und Lebensprobleme, Schwabe & Co Verlag, Basel 1984
Ustorf, Anne-Ev: Wir Kinder der Kriegskinder. Die Generation im Schatten des Zweiten Weltkriegs, Herder Verlag, Freiburg im Breisgau 2015
Vávra, Ivonne: Wie erobern wir unsere Aufmerksamkeit zurück? In: Psychologie heute Compact: Vom Glück des Weniger, Beltz Verlag 2019
Volke, Steve: Der Sehendmacher. Wie Jesus mein Herz und meinen Weltblick veränderte, Gerth Medien, Asslar 2016
Von Hirschhausen, Eckart: Mensch, Erde! Wir könnten es so schön haben, dtv Verlagsgesellschaft, München 2021
Weingardt, Beate M.: Du bist gut genug! Wie Sie Ihre inneren Antreiber erkennen und gelassener werden, SCM R.Brockhaus, Wuppertal 2005
Wendel, Kerstin und Ulrich: Vom Glück des Loslassens. Wie Herz und Leben leicht werden, SCM R.Brockhaus, Holzgerlingen 2020
Wendel, Kerstin: Chronisch hoffnungsvoll. Stärke finden in einem Leben mit Krankheit, SCM Hänssler, Holzgerlingen 2016
Wilckens, Ulrich: Das Evangelium nach Johannes. Das Neue Testament Deutsch (NTD) Bd. 4, Vandenhoeck & Ruprecht, Göttingen 2000
Winkel, Johannes: Die Ich-bin-Worte Jesu. Texte, Kommentare, Entwürfe, Vandenhoeck & Ruprecht, Göttingen 1995
Yancey, Philip: Der unbekannte Jesus. Entdeckungen eines Christen, SCM R.Brockhaus, Wuppertal 2003
Zimmerling, Peter: Herzensverbindung mit Jesus, Faszination Bibel, Sonderheft 2021

ANMERKUNGEN

[1] Auf Juist gibt es nur einige wenige E-Autos, ansonsten ist die Insel autofrei.
[2] Meyer, Joyce: Die Bibel. Lesen. Glauben. Leben: Mit Impulsen von Joyce Meyer (Neues Leben. Die Bibel), SCM R.Brockhaus, Witten 2020.
[3] Sporthotel Glockenspitze Altenkirchen: https://glockenspitze.de/hotelzimmer/zimmer/, aufgerufen am 13.02.2022.
[4] https://www.family-fips.net/, aufgerufen am 13.02.2022.
[5] Storm, Theodor: Der kleine Häwelmann, Neugebauer Verlag 1995, S. 2-3.
[6] Während der Entstehungsphase dieses Buches bin ich nicht geheilt, aber auf einem körperlichen Besserungsweg. Mein Wunder! Ich feiere es! Über mein vorher stark eingeschränktes Leben als chronisch Kranke habe ich folgendes Buch geschrieben: Chronisch hoffnungsvoll. Stärke finden in einem Leben mit Krankheit, SCM Hänssler, Holzgerlingen 2016.
[7] Bucket List (von engl. »kick the bucket«, dt. etwa »den Löffel abgeben«...) steht für: eine Liste mit Dingen, die man im restlichen Leben gerne noch tun oder erreichen möchte: https://de.wikipedia.org/wiki/Bucket_List, aufgerufen am 13.02.2022.
[8] Psychosomatische oder stressbedingte Beschwerden können sein: Schlafstörungen, Rückenschmerzen und Verspannungen, Infektanfälligkeit, Magen-Darm-Probleme, Bluthochdruck, Kopfschmerzen, Schwindel. Natürlich können diese Beschwerden diverse Ursachen haben, aber sie sind eben auch stark abhängig vom Lebensstil. Buchhinweise: Tournier, Paul: Krankheit und Lebensprobleme, Schwabe & Co Verlag, Basel 1984; Pfeifer, Samuel: Psychosomatik. Wie können wir die Sprache des Körpers verstehen?, Riehen 2005.
[9] Aufmerksam beobachtet von Romano Guardini: Die menschliche Wirklichkeit des Herrn. Beiträge zu einer Psychologie Jesu, Werkbund Verlag, Würzburg 1958, S. 67.
[10] Diese Ruhe und Gelassenheit durchziehen seine gesamte öffentliche Wirksamkeit, mit Ausnahme einiger Momente in seinen letzten Tagen – siehe z. B. Johannes 12,27.
[11] Grün, Anselm: Herzensruhe. Im Einklang mit sich selbst sein, Herder Verlag, Freiburg im Breisgau 2014, S. 13.
[12] Sjödin, Tomas: Warum Ruhe unsere Rettung ist, SCM R.Brockhaus, Witten 2016, S. 23.
[13] Fensterheim, Herbert / Baer, Jean: Sage nicht Ja, wenn du Nein sagen willst, Orbis Verlag, München 1993, inspiriert durch eine Übung auf S. 283.

14 Infos zum Umgang mit Medien findest du hier: Pahl, Chris / Kopjar, Karsten: Selig sind die Handynutzer. Wie Medien den Glauben rauben – Wie Medien den Glauben stärken, Brunnen Verlag, Gießen 2020.
15 https://mymonk.de/zeitmanagement-wie-viel-pufferzeiten-man-wirklich-einraumen-sollte-und-was-sonst-noch-wichtig-ist, aufgerufen am 15.02.2022.
16 Admiral, Eva-Maria / Friese, Annette: Schön ohne Aber. Wie wir von Körperhass zu Körperliebe finden, SCM Hänssler, Holzgerlingen 2020.
17 Wie kann man sich seelsorgerlich/therapeutisch unterstützen lassen? Es gibt die Möglichkeit, sich eine von der Krankenkasse finanzierte Therapie zu suchen. Dazu empfiehlt sich das Gespräch mit dem Hausarzt. Alternativ kann man sich auch bewusst eine christlich orientierte professionelle Kraft suchen. Sie muss teilweise privat bezahlt werden. Infos hierzu gibt es beispielsweise in Stellenanzeigen in christlichen Zeitschriften oder im Internet unter https://c-stab.net/(aufgerufen am 15.03.2022), einem christlichen Netzwerk für Berater. Für beide Varianten gilt: Man kann ein unverbindliches Kennenlerngespräch vereinbaren. Wie erkennt man für sich persönlich, ob es die »richtige Person« ist? Wenn man spürt: Hier kann ich vertrauen.
18 Solltest du merken, dass du hierzu professionelle Hilfe brauchst, dann scheue dich nicht davor. Es gibt gute Seelsorgerinnen und Therapeutinnen, die dich unterstützen können.
19 Guardini, Romano, a.a.O., S. 61.
20 Harriet – Der Weg in die Freiheit, DVD 2020.
21 https://www.die-stille-revolution.de/, aufgerufen am 19.02.2022.
22 Kurzbiografie Friedrich Wilhelm Raiffeisen von Frauke Bielefeldt, in: Sein Wort – meine Welt, Studienbibel für das 21. Jahrhundert, SCM R.Brockhaus, Witten 2016, S. 1834. Siehe auch: Raue, Paul-Josef: Raiffeisen – Ein Leben für eine gerechte Gesellschaft. Eine Biografie über den Gründer der modernen Genossenschaften, Klartext Verlag, Essen 2018.
23 Kurzbiografie Georg Müller von Frauke Bielefeldt, in: Sein Wort – meine Welt, a.a.O., S. 1899. Steer, Roger: Georg Müller: Vertraut mit Gott, Verlag Christliche Literaturverbreitung 1995. Langmead, Clive: Georg Müller: Der Waisenvater von Bristol, Brunnen Verlag, Gießen 2010.
24 Kurzbiografie Elisabeth von Thüringen von Frauke Bielefeldt, in: Sein Wort – meine Welt, a.a.O., S. 985. https://de.wikipedia.org/wiki/Elisabeth_von_Th%C3%BCringen, aufgerufen am 19.02.2022.
25 Kurzbiografie K. Toyohiko in: Sein Wort – meine Welt, a.a.O., S. 1528. https://de.wikipedia.org/wiki/Kagawa_Toyohiko, aufgerufen am 19.02.2022.
26 https://de.wikipedia.org/wiki/Eine_unbequeme_Wahrheit, aufgerufen am 19.02.2022.
27 Hinweise zu Unverpackt-Läden: https://enorm-magazin.de/lebensstil/nachhaltiger-konsum/zero-waste/unverpackt-laeden-deutschland, aufgerufen am 19.02.2022.

[28] https://green-lifestyle-magazin.de/, aufgerufen am 19.02.2022.
[29] https://andersleben-magazin.net/, aufgerufen am 19.02.2022.
[30] Leithold, Karolina: Dein Buch über Nachhaltigkeit. Plastikfrei leben und nachhaltig handeln im Alltag, um die Welt zu retten (mit vielen Empfehlungen für ein nachhaltiges Leben), Independently published 2020. Sieglar, Jennifer: Umweltliebe. Wie wir mit wenig Aufwand viel für unseren Planeten tun können, Piper Paperback, München 2019. Fröhlich, Susanne / Kleis, Constanze: Weltretten für Anfänger, Verlag Gräfe und Unzer, München 2019.
[31] Schäfer, Anja: Ganz schön fairrückt: Wie ich anfing, mich für Gottes gute Welt einzusetzen, Neukirchener Verlag, Neukirchen-Vluyn 2019.
[32] Rust, Heinrich Christian: Zuhause in der Schöpfungsgemeinschaft. Dimensionen einer ökologischen Spiritualität. Neufeld Verlag, Cuxhaven 2021, S. 228-229.
[33] In Klammern findet sich jeweils nur *ein* Grund, der zu diesem Schritt motivieren kann. Es gibt oft mehrere Gründe, die dafürsprechen.
[34] Viele gute Tipps bietet folgendes Buch: Heyn, Victoria / Gohla, Mareike: Besser naturbewusst leben mit Kindern, Christian Verlag, München 2021. Oder auch: Sieglar, Jennifer, a.a.O., Schäfer, Anja, a.a.O., Leithold, Karolina, a.a.O., Fröhlich, Susanne, a.a.O.
[35] Lesetipp zum Thema »Ansprüche und Erwartungen«: Wendel, Kerstin und Ulrich: Vom Glück des Loslassens, SCM R.Brockhaus, Holzgerlingen 2020, S. 50.
[36] https://de.wikipedia.org/wiki/Helfersyndrom, aufgerufen 23.02.2022.
[37] Mailänder, Daniela: Nervige Phrasen und theologische Gedankensplitter, in: Aufatmen 1/2022, SCM Bundes-Verlag, Witten 2022, S. 39.
[38] Ustorf, Anne-Ev: Wir Kinder der Kriegskinder. Die Generation im Schatten des Zweiten Weltkriegs, Herder Verlag, Freiburg im Breisgau 2016, S. 69.
[39] Lesetipp für Frauen, die an dieser Stelle tiefer graben möchten: Hemfelt / Minirth / Meier: Mut zur Liebe, Gerth Medien, Aßlar 2005.
[40] Bertram, Georg / Rengstorf, Karl Heinrich, Artikel »ζυγός κτλ.«, in: Kittel, Gerhard (Hrsg.): Theologisches Wörterbuch zum Neuen Testament. Band 2, Stuttgart 1935 (1960), S. 898-904.
[41] https://www.bibelkommentare.de/index.php?page=dict&article_id=819, aufgerufen am 02.03.2022.
[42] https://de.wikipedia.org/wiki/Jesusgebet, aufgerufen am 02.03.2022.
[43] Weitere praktische Hinweise dazu finden sich bei Sorbara, Sonja: Du sprichst zu mir. Wie Gottes Stimme dein Leben prägt, SCM R.Brockhaus, Holzgerlingen 2021.
[44] Pahl, Chris / Kopjar, Karsten: Selig sind die Handynutzer, a.a.O.; von Ruschkowski, Katharina: Die digitalen Verführer, in: GEO Wissen 61, Verlag Gruner und Jahr, 2018.
[45] https://www.resilienz-akademie.com/innere-antreiber/, aufgerufen 02.03.2022.
[46] Weingardt, Beate M.: Du bist gut genug! Wie Sie Ihre inneren Antreiber erkennen und gelassener werden, SCM R.Brockhaus, Wuppertal 2005, S. 72.

47 Daniel-Rops, Henri: Er kam in sein Eigentum. Die Umwelt Jesu, Deutsche Verlagsanstalt Stuttgart 1963, S. 112-117.
48 Wendel, Kerstin und Ulrich: Vom Glück des Loslassens. Wie Herz und Leben leicht werden, SCM R.Brockhaus, Holzgerlingen 2020, S. 58.
49 https://de.wikipedia.org/wiki/Intuition, aufgerufen am 03.03.2022.
50 Sohst, Kathrin: Zart im Nehmen. Wie Sensibilität zur Stärke wird, Gabal Verlag, Offenbach 2016, S. 237.
51 Sohst, a.a.O.
52 Härry, Thomas: Von der Kunst, sich selbst zu führen, SCM R.Brockhaus, Witten 2015, S. 100.
53 Zur Begriffsklärung: Ich bin mir bewusst darüber, dass das Wort »achtsam« mehrere Bedeutungsebenen hat. Ich verwende es in seiner ursprünglichen Bedeutung im Sinne von: aufmerksam, sorgfältig, wachsam mit etwas umgehen. https://www.duden.de/rechtschreibung/achtsam, aufgerufen am 04.03.2022. Historisch gesehen ist Achtsamkeit ein wesentlicher Bestandteil des Buddhismus, weil sie zur Meditationspraxis gehört. Außerdem findet sich der Begriff in der westlichen Medizin und Psychotherapie. Siehe: https://de.wikipedia.org/wiki/Achtsamkeit_(mindfulness)#Achtsamkeit_in_der_westlichen_Medizin_und_Psychologie, aufgerufen am 04.03.2022. Aktuell wird diskutiert, wie der Megatrend Achtsamkeit für Christen nutzbar gemacht werden kann: Jäger, Stefan S. : Megatrend Achtsamkeit. Ein Blick aus christlicher Perspektive, in: P&S, Magazin für Psychotherapie und Seelsorge, SCM Bundes-Verlag, Witten, Heft 4/2021, S. 24ff.
54 https://de.wikipedia.org/wiki/Konzentration_(Psychologie), aufgerufen am 04.03.2022.
55 Burkhardt / Grünzweig / Laubach / Maier (Hrsg.): Das große Bibellexikon, Band 2, Brunnen Verlag, Gießen 1996, S. 883.
56 *Kairos* bedeutet Zeit, Zeitpunkt, Augenblick. Es gibt bestimmte Zeitpunkte für Gottes Erlösungshandeln oder Gericht. »In temporalem Sinn beschreibt *kairos* die geeignete Zeit, den rechten Zeitpunkt, einen günstigen Augenblick.« »Es ist der Zeitraum, in dem sich viel für den Einzelnen entscheidet und den man wagend nutzen muss.« Hahn, H. Chr.: »Kairos«, in: Begriffslexikon zum Neuen Testament, herausgegeben von Coenen, Beyreuther und Bietenhard, R.Brockhaus Verlag, Wuppertal 1979, Band 2, S. 1462-1463.
57 Warwitz, Siegbert: Sinnsuche im Wagnis, Schneider Verlag, Baltmannsweiler 2. Aufl. 2016, S. 209.
58 Stutz, Pierre / Burggrabe, Helge: Menschlichkeit JETZT!, Patmos Verlag, Ostfildern 2021, S. 37.
59 https://de.wikipedia.org/wiki/Flow_(Psychologie), aufgerufen am 05.03.2022.
60 Derra, Claus / Schilling, Corinna: Achtsamkeit und Schmerz. Stress, Schlafstörungen, Stimmungsschwankungen und Schmerz wirksam lindern, Klett-Cotta Verlag, Stuttgart 2017, Seite 16.
61 Prause, Annegret / Wendel, Ulrich (Hrsg.): 7 Minuten für mich mit Gott. Das Tagebuch, SCM Verlag Holzgerlingen 2020.

62 https://trello.com, aufgerufen am 18.03.2022.
63 Vávra, Ivonne: Wie erobern wir unsere Aufmerksamkeit zurück?, in: Psychologie heute Compact: Vom Glück des Weniger, Beltz Verlag 2019, S. 27.
64 https://de.wikipedia.org/wiki/Fear_of_missing_out, aufgerufen am 06.03.2022.
65 Mehr dazu in folgendem Buch: Wendel, Kerstin: Chronisch hoffnungsvoll. Stärke finden in einem Leben mit Krankheit, SCM Hänssler, Holzgerlingen 2016, S. 101ff.
66 https.//de.wikipedia.org/wiki/Genuss, aufgerufen am 06.03.2022.
67 Grün, Anselm: Bilder von Jesus, Vier-Türme-Verlag, Münsterschwarzach 2001, S. 152.
68 Spieker, Markus: Jesus. Eine Weltgeschichte, Fontis, Basel 2020, S. 298.
69 Kleinschmidt, Carola: Intervallrasten, in: HIRSCHHAUSENS STERN GESUND LEBEN, Ausgabe 6/2021, S. 99.
70 Die Übung heißt »Schrankenwärter«, weil sie an Folgendes erinnert: Schrankenwärter hatten zu prüfen, von welcher Seite ein Zug kommt, und die Bahnschranken entsprechend zu schließen. Dadurch wurde der Verkehr geregelt.
71 Derra, Claus / Schilling, Corinna, a.a.O., S. 170.
72 Härry, Thomas: Von der Kunst, sich selbst zu führen, SCM R.Brockhaus, Witten 2015, S. 181.
73 https://www.arbeitsrechte.de/urlaubsanspruch/, aufgerufen am 14.03.2022, https://de.wikipedia.org/wiki/Bundesurlaubsgesetz, aufgerufen am 14.03.2022.
74 Gebrüder Grimm: Die schönsten Märchen, Hugendubel Verlag, Kreuzlingen/München 2001, S. 62; https://de.wikipedia.org/wiki/Vom_Fischer_und_seiner_Frau, aufgerufen am 09.03.2022.
75 Und gönnen kann er sich das sowieso, weil er anderen auch unglaublich viel gönnt und schenkt.
76 Volke, Steve: Der Sehendmacher. Wie Jesus mein Herz und meinen Weltblick veränderte, Gerth Medien, Aßlar 2016, S. 29.
77 Von Hirschhausen, Eckart: Mensch, Erde! Wir könnten es so schön haben, dtv Verlagsgesellschaft, München 2021.
78 Claiborne, Shane: Ich muss verrückt sein, so zu leben, Brunnen Verlag, Gießen 2006.
79 https://www.oxfam.de/ueber-uns/aktuelles, aufgerufen am 09.03.2022.
80 Michalsen, Andreas: Heilen mit der Kraft der Natur, Insel Verlag, Berlin 2019, S. 88ff.
81 Anja Schäfer, a.a.O., S. 174.
82 Rodemann, Evi: 1 Euro am Tag, in: andersLEBEN, Bundes-Verlag, Witten, Ausgabe 2/2021, S. 90.
83 Weitere Infos zur Gestaltung einer Zweierschaft finden sich bei Schilling, Birgit: Fest im Glauben – stark im Leben. Geistlich reif werden, SCM R.Brockhaus, Witten 2011, S. 217.

[84] Sjödin, Tomas: Warum Ruhe unsere Rettung ist, SCM R.Brockhaus, Witten 2016, S. 34.
[85] Nell, Mathias: Wenn Jesus sich verständlich macht. Die »Ich-bin«-Worte und ihr alttestamentlicher Hintergrund, Faszination Bibel 1/2019, S. 28-31.
[86] Schnackenburg, Rudolf: Freundschaft mit Jesus, Herder Verlag, Freiburg im Breisgau 1995, S. 46.
[87] Zimmerling, Peter: Herzensverbindung mit Jesus, Faszination Bibel, Sonderheft 2021, S. 71.
[88] Wer hier weiterkommen möchte, kann lesen: Schmidt, Ursula und Manfred: Hörendes Gebet, GGE-Verlag, Hann. Münden 2010; Hybels, Bill: Gottes leise Stimme hören, Gerth Medien, Aßlar 2011.
[89] Spieker, Markus: Jesus, a. a. O., S. 946.
[90] Esch, Tobias: Mehr nichts! Warum wir weniger vom Mehr brauchen, Goldmann Verlag, München 2022, Rückseitentext.

Kerstin Wendel, Ulrich Wendel

Vom Glück des Loslassens
Wie Herz und Leben leicht werden

Wie oft ist unser Lebensalltag geprägt von Sorgen, Verletzungen, schwierigen Lebenssituationen oder zu hohen Erwartungen. Kennen Sie das?
Einfühlsam führen Kerstin und Ulrich Wendel in die Kunst des Loslassens ein – damit das Herz leicht wird und das Leben schwerelos.

Gebunden, 13,5 × 21,5 cm, 256 S.,
mit Schutzumschlag
Nr. 226.895, ISBN: 978-3-417-26895-9

Kerstin Wendel

Chronisch hoffnungsvoll
Stärke finden in einem Leben mit Krankheit

Welche Veränderungen und Herausforderungen chronische Erkrankungen für das Leben von Betroffenen bedeuten, beschreibt Kerstin Wendel auf einfühlsame Weise. Praktische Hilfen für einen gelingenden Lebensweg mit Krankheit wechseln sich mit tiefgehend-mutmachenden Gedanken zum Glauben ab.

Klappenbroschur, 13,5 × 21,5 cm, 240 S., Umschlag mit UV-Lack
Nr. 395.784, ISBN: 978-3-7751-5784-1

PERSÖNLICH. ECHT. LEBENSNAH.

Lydia lädt Frauen ein, das Leben zu teilen und miteinander unterwegs zu sein. In den schönen Momenten, aber auch in Zeiten der Angst und Sorge weist sie auf den hin, der Hoffnung und Sinn gibt: Jesus.

Die Zeitschrift begleitet und ermutigt Frauen in den verschiedenen Lebensphasen – über die Grenzen von Konfessionen und Generationen hinweg.

Ein Abonnement (4 Ausgaben im Jahr) erhalten Sie in Ihrer Buchhandlung oder unter: **www.lydia.net**

Deutschland:
E-Mail: info@lydia.net
Tel.: 06443 68-39

Schweiz:
E-Mail: lydia@scm-bundes-verlag.ch
Tel.: 043 288 80-10